PARA O MEU CORAÇÃO NUM DOMINGO

WISŁAWA SZYMBORSKA

# Para o meu coração num domingo

*Seleção, tradução e prefácio*
Regina Przybycien e
Gabriel Borowski

*2ª reimpressão*

Copyright © by The Wisława Szymborska Foundation, www.szymborska.org.pl
Copyright da seleção e do prefácio © 2020 by Regina Przybycien e Gabriel Borowski

THE WISŁAWA SZYMBORSKA FOUNDATION

*Grafia atualizada segundo o Acordo Ortográfico da Língua Portuguesa de 1990, que entrou em vigor no Brasil em 2009.*

*Capa*
Victor Burton

*Foto de capa*
Wojciech Plewiński

*Preparação*
Heloisa Jahn

*Revisão*
Thaís Totino Richter
Jane Pessoa

Dados Internacionais de Catalogação na Publicação (CIP)
(Câmara Brasileira do Livro, SP, Brasil)

Szymborska, Wisława, 1923-2012.
    Para o meu coração num domingo / Wisława Szymborska ; seleção, tradução e prefácio de Regina Przybycien e Gabriel Borowski — 1ª ed. — São Paulo : Companhia das Letras, 2020.

    Título original: Várias obras.
    Bibliografia.
    ISBN 978-85-359-3337-6

    1. Poesia polonesa I. Przybycien, Regina. II. Borowski, Gabriel. III. Título.

20-34216                              CDD-891.851

    Índice para catálogo sistemático:
    1. Poesia : Literatura polonesa 891.851

    Cibele Maria Dias – Bibliotecária – CRB-8/9427

Todos os direitos desta edição reservados à
EDITORA SCHWARCZ S.A.
Rua Bandeira Paulista, 702, cj. 32
04532-002 — São Paulo — SP
Telefone: (11) 3707-3500
www.companhiadasletras.com.br
www.blogdacompanhia.com.br
facebook.com/companhiadasletras
instagram.com/companhiadasletras
twitter.com/cialetras

# Sumário

Prefácio
Regina Przybycien e Gabriel Borowski ......................... 13

DE *CHAMANDO PELO YETI*
*WOŁANIE DO YETI*, 1957

Um minuto de silêncio por Ludwika Wawrzyńska
*Minuta ciszy po Ludwice Wawrzyńskiej* ...................... 18
Reabilitação
*Rehabilitacja* ............................................. 22
Quatro da madrugada
*Czwarta nad ranem* ...................................... 26

DE *SAL*
*SÓL*, 1962

O macaco
*Małpa* ................................................... 30
A sombra
*Cień* .................................................... 34
Sem título
*Bez tytułu* ............................................... 36
Bebendo um vinho
*Przy winie* .............................................. 40
Efígie
*Wizerunek* .............................................. 44
Sinopse
*Streszczenie* ............................................. 48

Poema em homenagem
*Wiersz ku czci* ................................................................ 50

DE *MUITO DIVERTIDO*
*STO POCIECH*, 1967

Enfim a memória
*Pamięć nareszcie* ........................................................ 54
Paisagem
*Pejzaż* ........................................................................ 58
A estação
*Dworzec* ...................................................................... 62
Nascido
*Urodzony* .................................................................... 66
Escrito num hotel
*Pisane w hotelu* .......................................................... 72
Relato do hospital
*Relacja ze szpitala* ...................................................... 78
Retorno
*Przylot* ........................................................................ 80
Társio
*Tarsjusz* ...................................................................... 82
Para o meu coração num domingo
*Do serca w niedzielę* .................................................... 86
O acrobata
*Akrobata* .................................................................... 88
Um fetiche de fertilidade do paleolítico
*Fetysz płodności z paleolitu* .......................................... 90
A caverna
*Jaskinia* ...................................................................... 94

DE *TODO O CASO*
*WSZELKI WYPADEK*, 1972

Todo o caso
*Wszelki wypadek* ........................................................ 100
Vozes
*Głosy* ...................................................................... 104
Prospecto
*Prospekt* .................................................................. 108
O passeio do ressuscitado
*Spacer wskrzeszonego* ................................................ 112
Foto da multidão
*Fotografia tłumu* ...................................................... 114
Perseguição
*Pogoń* ..................................................................... 118
Aniversário
*Urodziny* ................................................................. 122
Allegro ma non troppo
*Allegro ma non troppo* ............................................... 124
Movimento detido
*Znieruchomienie* ....................................................... 128
O clássico
*Klasyk* .................................................................... 130
*** (O nada virou do avesso também para mim)
*** (*Nicość przenicowała się także i dla mnie*) ............. 132

DE *UM GRANDE NÚMERO*
*WIELKA LICZBA*, 1976

O sonho da velha tartaruga
*Sen starego żółwia* .................................................... 136
Experimento
*Eksperyment* ............................................................ 138

Miniatura medieval
*Miniatura średniowieczna* ............................................ 142
O eremitério
*Pustelnia* ............................................ 146
Resenha de um poema não escrito
*Recenzja z nienapisanego wiersza* ............................................ 150
Advertência
*Ostrzeżenie* ............................................ 154
A cebola
*Cebula* ............................................ 158
Louvor do mau conceito de si
*Pochwała złego o sobie mniemania* ............................................ 162
No Estige
*Nad Styksem* ............................................ 164

DE *GENTE NA PONTE*
*LUDZIE NA MOŚCIE,* 1986

Arqueologia
*Archeologia* ............................................ 170
Roupas
*Odzież* ............................................ 174
Conchavos com os mortos
*Konszachty z umarłymi* ............................................ 176
Para a arca
*Do arki* ............................................ 180

DE *FIM E COMEÇO*
*KONIEC I POCZĄTEK,* 1993

A realidade exige
*Rzeczywistość wymaga* ............................................ 186
A realidade
*Jawa* ............................................ 190

Despedida a uma paisagem
*Pożegnanie widoku* .................................................... 196
Sessão
*Seans* ................................................................ 202
Dia 16 de maio de 1973
*Dnia 16 maja 1973 roku* ............................................ 206
Talvez isso tudo
*Może to wszystko* .................................................... 210
Nada é dado
*Nic darowane* ........................................................ 214
Uma versão dos acontecimentos
*Wersja wydarzeń* ..................................................... 218

DE *INSTANTE*
*CHWILA*, 2002

Negativo
*Negatyw* .............................................................. 228
Platão, ou seja, por quê
*Platon, czyli dlaczego* ............................................... 230
Uma menininha puxa a toalha
*Mała dziewczynka ściąga obrus* ..................................... 234
Das lembranças
*Ze wspomnień* ....................................................... 238
Um pouco sobre a alma
*Trochę o duszy* ...................................................... 240
Hora matutina
*Wczesna godzina* .................................................... 244
Um contributo à estatística
*Przyczynek do statystyki* ............................................ 248
O baile
*Bal* .................................................................. 252

Lista
  *Spis* ..................... 256
Tudo
  *Wszystko* .................. 260


DE *DOIS-PONTOS*
*DWUKROPEK*, 2006

Acidente na rodovia
  *Wypadek drogowy* ..................... 264
O amanhã — sem nós
  *Nazajutrz — bez nas* ................. 266
Perspectiva
  *Perspektywa* .................. 268
Monólogo de um cachorro enredado na história
  *Monolog psa zaplątanego w dzieje* ................. 272
Entrevista com Átropos
  *Wywiad z Atropos* ................... 278
O sonho horrível do poeta
  *Okropny sen poety* .................... 284
Labirinto
  *Labirynt* .................. 288
Estátua grega
  *Grecki posąg* ................. 294
Na verdade, todo poema
  *Właściwie każdy wiersz* .............. 298


DE *AQUI*
*TUTAJ*, 2009

Foraminíferos
  *Otwornice* ................. 304
Antes da viagem
  *Przed podróżą* .............. 306

Retrato de memória

*Portret z pamięci* ...................................................... 308

Sonhos

*Sny* ..................................................................... 312

DE *CHEGA*
*WYSTARCZY*, 2012

Alguém que venho observando há algum tempo

*Ktoś, kogo obserwuję od pewnego czasu* ......................... 318

Confissões de uma máquina de leitura

*Wyznania maszyny czytającej* ...................................... 322

No aeroporto

*Na lotnisku* ............................................................ 326

A todos um dia

*Każdemu kiedyś* ....................................................... 328

A mão

*Dłoń* .................................................................... 330

Adormecida

*W uśpieniu* ............................................................ 332

Reciprocidade

*Wzajemność* ........................................................... 336

# Prefácio

## Regina Przybycien e Gabriel Borowski

Wisława Szymborska, um dos grandes nomes da poesia polonesa do século xx, ganhadora do prêmio Nobel de 1996, tornou-se uma das poetas favoritas do leitor brasileiro após a publicação de dois livros: *Poemas* (2011) e *Um amor feliz* (2016), ambos pela Companhia das Letras.

Atendendo a pedidos de leitores, preparamos esta coletânea com a tradução de mais 85 poemas, dessa vez em parceria de Regina Przybycien, responsável pela tradução dos dois primeiros volumes, com Gabriel Borowski, professor de literatura brasileira e tradução da Universidade Jaguelônica de Cracóvia. Seguimos o mesmo critério dos livros anteriores: ordem cronológica das publicações, do volume *Wołanie do Yeti* (*Chamando pelo Yeti*), de 1957, até o póstumo *Wystarczy* (*Chega*), de 2012.

Os leitores que já conhecem a obra de Szymborska podem assim apreciar mais algumas facetas dessa produção. Os que pela primeira vez adentram seu universo poético têm a oportunidade de perceber como a mitologia, a história, a antropologia, os eventos cotidianos e as experiências oníricas inspiraram a criação de poemas com reflexões filosóficas densas, às quais não faltam pitadas de humor e ironia. Quando fizemos a seleção, não percebemos de imediato quantos desses poemas falam de sonhos e de morte. Só mais tarde, na leitura do conjunto, nos demos conta da recorrência desses temas.

O mundo onírico ocupa lugar de destaque na temática szymborskiana. Pode representar um espaço de liberdade que contrasta com as limitações do mundo real (como nos poemas "A realidade" e "Sonhos"), possibilitar o contato com os falecidos (em "Enfim a memória" e "Conchavos com os mortos"), ou tornar-se pesadelo, o retrato de um mundo distópico que sufoca a criatividade e a invenção (como em "O sonho horrível do poeta"). Os sonhos, aliás, estão ligados ao próprio processo de criação de Szymborska. Segundo Michał Rusinek, ex-secretário da poeta e presidente da fundação que leva seu nome, ela revelou que sonhava com as palavras que transformava em poemas.

A morte, outro tema recorrente nesta coletânea, adquire diversas formas: o poema "Monólogo de um cachorro enredado na história" — memórias póstumas de um cão — pode ser lido como uma metáfora crua dos reveses da fortuna. "Acidente na rodovia" apresenta um suspense crescente ao contrastar as ações corriqueiras das pessoas e a morte tão próxima, da qual ainda não se tem notícia. Em "Despedida a uma paisagem", a morte de alguém amado é apenas sugerida no adeus melancólico a um lugar que ambos compartilhavam — este poema, por sinal, é uma homenagem de Szymborska a Kornel Filipowicz, o grande amor da sua vida, falecido em 1990, e a paisagem evocada é a região dos lagos da Grande Polônia, onde Szymborska e Filipowicz costumavam passar as férias de verão. São poemas duros, ainda que mitigados por uma dose de humor.

Outrossim, não poderia faltar nesta coletânea o lado maroto de Szymborska, que se compraz em criar jogos lúdicos, subvertendo significados e brincando com as palavras e os sons, como em "Miniatura medieval", "A cebola" e "Aniversário". A inventividade, nesses poemas, é divertida, irônica, embora também haja neles uma reflexão filosófica sobre o mundo. Desnecessário dizer que esses foram os poemas que mais deram trabalho para traduzir, já que foi preciso tentar recriar em português as invenções da poeta. Em "Aniversário", por exemplo, o presente que o eu lírico recebe é a imensa variedade das coisas do mundo. Nele o jogo com os sons é mais importante do que o sentido das palavras ali enumeradas; portanto foi esse aspecto que privilegiamos, tentando criar um efeito sonoro semelhante na tradução.

Szymborska faz alusões frequentes a expressões idiomáticas e ditados populares poloneses. Nossa opção foi utilizar, sempre que possível, expressões equivalentes em português. Os poemas rimados também demandaram algumas adaptações para manter o esquema de rimas, embora na maioria dos casos as diferenças não sejam significativas.

Traduzir a poesia de Szymborska é o prazer sofrido de uma longa peleja com as palavras. Esperamos que para o leitor ela seja puro deleite.

Os originais em polonês deste livro seguem as seguintes edições: *Wiersze wybrane* (a5, 2010), *Tutaj* (Znak, 2009) e *Wystarczy* (a5, 2011).

Agradecemos a Marcin Raiman, que revisou os poemas em polonês para garantir que todos os diacríticos e dígrafos estivessem no lugar certo.

CHAMANDO PELO YETI

# Minuta ciszy po Ludwice Wawrzyńskiej

A ty dokąd,
tam już tylko dym i płomień!
— Tam jest czworo cudzych dzieci,
idę po nie!

Więc jak to,
tak odwyknąć nagle
od siebie?
od porządku dnia i nocy?
od przyszłorocznych śniegów?
od rumieńca jabłek?
od żalu za miłością,
której nigdy dosyć?

Nie żegnająca, nie żegnana
na pomoc dzieciom biegnie sama,
patrzcie, wynosi je w ramionach,
zapada w ogień po kolana,
łunę w szalonych włosach ma.

A chciała kupić bilet,
wyjechać na krótko,
napisać list,
okno otworzyć po burzy,
wydeptać ścieżkę w lesie,
nadziwić się mrówkom,

# Um minuto de silêncio por Ludwika Wawrzyńska

Aonde você vai
Lá tem só fumaça e fogo!
— Lá tem quatro crianças,
vou buscá-las logo.

Mas como,
desabituar-se de si
tão de repente?
da ordem das noites e dos dias?
das neves do próximo ano?
do rubro das maçãs?
da mágoa pelo amor
que nunca é demais?

Sem saudar, sem ser saudada,
para socorrer os pequenos sozinha se afana,
vejam, nos braços ela os carrega,
até os joelhos no fogo afundada,
na louca cabeleira tem o lume das chamas.

E queria comprar uma passagem,
visitar uma amiga,
escrever uma carta,
escancarar a janela depois da tormenta,
caminhar pela floresta,
se encantar com as formigas,

zobaczyć jak od wiatru
jezioro się mruży.

Minuta ciszy po umarłych
czasem do późnej nocy trwa.

Jestem naocznym świadkiem
lotu chmur i ptaków,
słyszę jak trawa rośnie
i umiem ją nazwać,
odczytałam miliony
drukowanych znaków,
wodziłam teleskopem
po dziwacznych gwiazdach,
tylko nikt mnie dotychczas
nie wzywał na pomoc
i jeśli pożałuję
liścia, sukni, wiersza —

Tyle wiemy o sobie,
ile nas sprawdzono.
Mówię to wam
ze swego nieznanego serca.

observar como o lago
se encrespa quando venta.

Um minuto de silêncio pelos mortos
às vezes dura até tarde da noite.

Sou testemunha ocular
do voo das nuvens e dos pássaros
ouço como crescem as folhas
e conheço os nomes delas,
decifrei milhões
de caracteres impressos,
segui com o telescópio
as mais estranhas estrelas,
só que ninguém até agora
me pediu socorro,
e se eu lastimar
uma folha, um vestido, um verso —

Só nos conhecemos na medida
em que somos postos à prova.
Digo-lhes isso
do meu coração, que desconheço.

# Rehabilitacja

Korzystam z najstarszego prawa wyobraźni
i po raz pierwszy w życiu przywołuję zmarłych,
wypatruję ich twarzy, nasłuchuję kroków,
chociaż wiem, że kto umarł, ten umarł dokładnie.

Czas własną głowę w ręce brać
mówiąc jej: Biedny Jorik, gdzież twoja niewiedza,
gdzież twoja ślepa ufność, gdzież twoja niewinność
twoje jakośtobędzie, równowaga ducha
pomiędzy nie sprawdzoną a sprawdzoną prawdą?

Wierzyłam, że zdradzili, że nie warci imion,
skoro chwast się natrząsa z ich nieznanych mogił
i kruki przedrzeźniają i śnieżyce szydzą
— a to byli, Joriku, fałszywi świadkowie.

Umarłych wieczność dotąd trwa,
dokąd pamięcią się im płaci.
Chwiejna waluta. Nie ma dnia
by ktoś wieczności swej nie tracił.

Dziś o wieczności więcej wiem:
można ją dawać i odbierać.
Kogo nazwano zdrajcą — ten
razem z imieniem ma umierać.

# Reabilitação

Valho-me do direito mais antigo da imaginação
e pela primeira vez na vida invoco os mortos,
procuro ver seus rostos, escutar seus passos,
embora saiba que quem morreu, morreu por inteiro.

É hora de pegar a própria cabeça nas mãos
e lhe dizer: pobre Yorick, onde a tua ignorância,
onde a tua fé cega, onde a tua inocência
o teu tudo-vai-se-arranjar, o equilíbrio do espírito
entre a verdade não verificada e a verificada?

Acreditei que traíram, que eram indignos de nomes,
já que a erva daninha zomba de suas covas desconhecidas
e os corvos os arremedam e as nevascas escarnecem deles
— mas eles, Yorick, eram falsas testemunhas.

A eternidade dos mortos tem sustento
enquanto são pagos com memória terna.
Moeda instável — a cada momento
alguém perde sua condição eterna.

Hoje a eternidade eu conheço melhor,
ela pode ser concedida e removida.
Quem foi chamado de traidor —
esse, junto com o nome, perderá a vida.

*Ta nasza nad zmarłymi moc*
*wymaga nierozchwianej wagi*
*i żeby sąd nie sądził w noc*
*i żeby sędzia nie był nagi.*

*Ziemia wre — a to oni, którzy są już ziemią,*
*wstają grudka po grudce, garstka obok garstki,*
*wychodzą z przemilczenia, wracają do imion,*
*do pamięci narodu, do wieńców i braw.*

*Gdzież moja władza nad słowami?*
*Słowa opadły na dno łzy,*
*słowa słowa niezdatne do wskrzeszania ludzi,*
*opis martwy jak zdjęcie przy błysku magnezji.*
*Nawet na półoddechu nie umiem ich zbudzić*
*ja, Syzyf przypisany do piekła poezji.*

*Idą do nas. I ostrzy jak diament*
*— po witrynach wylśnionych od frontu,*
*po okienkach przytulnych mieszkanek,*
*po różowych okularach, po szklanych*
*mózgach, sercach, cichutko tną.*

Esse nosso poder sobre os mortos
exige um peso comedido,
e que o tribunal não julgue torto
e que o juiz não esteja despido.

A terra ferve — e eles, que já são terra,
se levantam torrão após torrão, punhado a punhado,
saem do silêncio, voltam aos nomes,
à memória do povo, aos louros e aos bravos.

Onde o meu poder sobre as palavras?
As palavras caíram no fundo de uma lágrima,
palavras, palavras que não ressuscitam os falecidos,
descrição morta como uma velha fotografia.
Nem para um meio respiro despertá-los consigo,
eu Sísifo designado ao inferno da poesia.

Eles estão vindo. E afiados como diamante
— cortam as vitrines de frentes reluzentes
as janelas de casas aconchegantes,
os óculos cor-de-rosa, os cérebros
e os corações de vidro.

# Czwarta nad ranem

Godzina z nocy na dzień.
Godzina z boku na bok.
Godzina dla trzydziestoletnich.

Godzina uprzątnięta pod kogutów pianie.
Godzina kiedy ziemia zapiera się nas.
Godzina kiedy wieje od wygasłych gwiazd.
Godzina a-czy-po-nas-nic-nie-pozostanie.

Godzina pusta.
Głucha, czcza.
Dno wszystkich innych godzin.

Nikomu nie jest dobrze o czwartej nad ranem.
Jeśli mrówkom jest dobrze o czwartej nad ranem
— pogratulujmy mrówkom. I niech przyjdzie piąta
o ile mamy dalej żyć.

# Quatro da madrugada

Hora entre a noite e o dia.
Hora de um lado para o outro.
Hora para os trintões.

Hora arrumada para o galo cantar.
Hora em que a terra nos repudia.
Hora em que o vento de estrelas extintas assobia.
Hora do será-que-de-nós-nada-vai-restar.

Hora vazia.
Surda, vã.
O fundo de todas as outras horas.

Ninguém se sente bem às quatro da madrugada.
Se as formigas se sentem bem às quatro da madrugada
— felicitemos as formigas. E que soem as cinco
se é para continuar vivendo.

SAL

# Małpa

Wcześniej niż ludzie wygnana z raju,
bo oczy miała tak zaraźliwe,
że rozglądając się po ogródku
nawet anioły grążyła w smutku
nieprzewidzianym. Z tego względu
musiała, chociaż bez pokornej zgody,
założyć tu na ziemi swoje świetne rody.
Skoczna, chwytna i baczna, do dziś gracyę ma
przez y pisaną, z trzeciorzędu.

Czczona w Egipcie dawnym, z orionem
pcheł w srebrnej od świętości grzywie,
słuchała arcymilcząc frasobliwie,
czego chcą od niej. Ach, nieumierania.
I odchodziła chwiejąc rumianym kuperkiem
na znak, że nie poleca ani nie zabrania.

W Europie duszę jej odjęto,
ale przez nieuwagę zostawiono ręce;
i pewien mnich malując świętą
przydał jej dłonie wąziutkie, zwierzęce.
Musiała święta
łaskę jak orzeszek brać.

Ciepłą jak noworodek, drżącą jak staruszek
przywoziły okręty na królewskie dwory.
Skowytała wzlatując na złotym łańcuchu

# O macaco

Expulso do paraíso antes do homem
por ter olhos tão contagiosos,
que até os anjos caíam numa tristeza sem fim
quando ele lançava a vista em torno do jardim.
Por isso foi necessária,
mesmo sem sua humilde aquiescência,
a fundação aqui na terra de sua descendência.
Saltitante, dócil e atento, até hoje tem uma *gratia*
escrita com um "t" da era terciária.

Venerado no Egito com uma plêiade
de pulgas na juba prateada,
arquissilencioso escutava alheado
o que queriam dele. Ah, não morrer.
E saía balançando o traseiro vermelho
como a dizer não proíbo nem aconselho.

Na Europa lhe tiraram a alma
mas deixaram as mãos por distração;
e certo monge ao pintar uma santa
deu-lhe palmas estreitinhas, de mico-leão.
E como a uma noz
as graças ela precisava pegar.

Cálido como recém-nascido, trêmulo como ancião,
traziam-no de navio para as cortes reais.
Guinchava saltando numa corrente dourada

w swoim fraczku markizim w papuzie kolory.
Kasandra. Z czego tu się śmiać.

Jadalna w Chinach, stroi na półmisku
miny pieczone albo gotowane.
Ironiczna jak brylant w fałszywej oprawie.
Podobno ma subtelny smak
jej mózg, któremu czegoś brak,
jeżeli prochu nie wymyślił.

W bajkach osamotniona i niepewna
wypełnia wnętrza luster grymasami,
kpi z siebie, czyli daje dobry przykład
nam, o których wie wszystko jak uboga krewna,
chociaż się sobie nie kłaniamy.

no seu minúsculo fraque de cores tropicais.
Uma Cassandra. É para rir ou chorar?

Comestível na China, faz sobre a travessa
caretas cozidas ou assadas.
Irônico como brilhante sobre ouro falso.
Dizem que é delicado o sabor,
do seu cérebro, considerado inferior
já que não inventou a pólvora.

Nas fábulas solitário e mudo
diante dos espelhos faz travessuras,
burla de si, ou seja, nos dá um bom exemplo,
como um parente pobre que de nós sabe tudo,
embora um para o outro não façamos mesuras.

# Cień

Mój cień jak błazen za królową.
Kiedy królowa z krzesła wstanie,
błazen nastroszy się na ścianie
i stuknie w sufit głupią głową.

Co może na swój sposób boli
w dwuwymiarowym świecie. Może
błaznowi źle na moim dworze
i wolałby się w innej roli.

Królowa z okna się wychyli,
a błazen z okna skoczy w dół.
Tak każdą czynność podzielili,
ale to nie jest pół na pół.

Ten prostak wziął na siebie gesty,
patos i cały jego bezwstyd,
to wszystko, na co nie mam sił
— koronę, berło, płaszcz królewski.

Będę, ach, lekka w ruchu ramion,
ach, lekka w odwróceniu głowy,
królu, przy naszym pożegnaniu,
królu, na stacji kolejowej.

Królu, to błazen o tej porze,
królu, położy się na torze.

# A sombra

A minha sombra é como um bufão
atrás da rainha. Quando ela se levanta
o bufão na parede se agiganta
e bate no teto com o cabeção.

Isso pode causar uma dor forte
no mundo bidimensional.
Talvez o bufão se sinta mal
e queira deixar a minha corte.

A rainha se inclina da janela para fora,
e da janela para baixo salta o bufão.
Assim dividiram cada ato, embora
não fosse meio a meio a divisão.

Esse simplório assumiu os gestos,
o páthos e todo o seu despudor funesto,
tudo para o que não tenho forças
— a coroa, o cetro, o manto real.

Ah, leve ficarei ao girar a cabeça,
ah, leve ao mover os braços também,
meu rei, na nossa despedida sem pressa,
meu rei, na estação de trem.

Meu rei, é o bufão que, sem brilho,
vai se deitar no trilho.

## Bez tytułu

Tak bardzo pozostali sami,
tak bardzo bez jednego słowa
i w takiej niemiłości, że cudu są godni —
gromu z wysokiej chmury, obrócenia w kamień.
Dwa miliony nakładu greckiej mitologii,
ale nie ma ratunku dla niego i dla niej.

Gdyby ktoś chociaż stanął w drzwiach,
cokolwiek, choć na chwilę, zjawiło się, znikło,
pocieszne, smutne, zewsząd, znikąd,
budzące śmiech albo strach.

Ale nic się nie zdarzy. Żadne, samo z siebie,
nieprawdopodobieństwo. Jak w mieszczańskiej dramie
będzie to prawidłowe do końca rozstanie,
nieuświetnione nawet dziurą w niebie.

Na ściany niezachwianym tle,
żałośni jedno dla drugiego,
stoją naprzeciw lustra, gdzie
nic prócz odbicia dorzecznego.

Nic prócz odbicia dwojga osób.
Materia ma się na baczności.
Jak długa i szeroka, i wysoka,
na ziemi i na niebie, i po bokach

# Sem título

Ficaram tão sozinhos,
tão sem nenhuma palavra
e em tal desamor, que um milagre terão merecido —
um raio das altas nuvens, uma petrificação.
Dois milhões de cópias de mitos gregos antigos,
mas para ele e para ela não há salvação.

Se alguém ao menos parasse na porta
se algo, ainda que por instantes, surgisse, sumisse,
divertido, triste, de algum lugar, de lugar algum,
despertando o riso ou o medo, não importa.

Mas nada vai acontecer. Nenhuma inesperada
inverossimilhança. Como num drama burguês a ação
vai seguir até o fim o roteiro da separação,
e no céu nenhuma fenda será avistada.

Com a parede imóvel atrás,
um do outro compadecido,
detêm-se diante do espelho que traz
somente os reflexos conhecidos.

O reflexo de duas pessoas, nada mais.
A Matéria está alerta.
Em seus tamanhos variados
na terra e no céu e pelos lados

*pilnuje przyrodzonych losów*
*— jak gdyby od sarenki nagłej w tym pokoju*
*musiało runąć Universum.*

vigia os destinos naturais
— como se de uma corça repentina neste quarto
devesse ruir o Universo.

# Przy winie

Spojrzał, dodał mi urody,
a ja wzięłam ją jak swoją.
Szczęśliwa, połknęłam gwiazdę.

Pozwoliłam się wymyślić
na podobieństwo odbicia
w jego oczach. Tańczę, tańczę
w zatrzęsieniu nagłych skrzydeł.

Stół jest stołem, wino winem
w kieliszku, co jest kieliszkiem
i stoi stojąc na stole.
A ja jestem urojona,
urojona nie do wiary,
urojona aż do krwi.

Mówię mu, co chce: o mrówkach
umierających z miłości
pod gwiazdozbiorem dmuchawca.
Przysięgam, że biała róża
pokropiona winem, śpiewa.

Śmieję się, przechylam głowę
ostrożnie, jakbym sprawdzała
wynalazek. Tańczę, tańczę
w zdumionej skórze, w objęciu,
które mnie stwarza.

# Bebendo um vinho

Olhou, me deu mais beleza
e eu a tomei como minha.
Feliz, ingeri uma estrela.

Permiti que me inventasse
à semelhança do reflexo
nos seus olhos. Danço, danço
em montes de asas súbitas.

A mesa é mesa, o vinho é vinho,
numa taça que é taça,
e cinzas são cinzas no cinzeiro cinza.
Já eu sou imaginária,
incrivelmente imaginária,
imaginária até a medula.

Falo do que ele quer: das formigas
que morrem de amor sob uma
constelação de dentes-de-leão.
Juro que uma rosa branca,
regada com vinho, canta.

Rio, inclino a cabeça
com cuidado como a conferir
uma invenção. Danço, danço
na minha pele espantada,
no abraço que me concebe.

*Ewa z żebra, Wenus z piany,*
*Minerwa z głowy Jowisza*
*były bardziej rzeczywiste.*

*Kiedy on nie patrzy na mnie,*
*szukam swojego odbicia*
*na ścianie. I widzę tylko*
*gwóźdź, z którego zdjęto obraz.*

Eva da costela, Vênus da espuma,
Minerva da cabeça de Júpiter
eram mais reais.

Quando ele não me olha
procuro o meu reflexo
na parede. E vejo só
um prego do qual tiraram um quadro.

# Wizerunek

Jeśli wybrańcy bogów umierają młodo,
co począć z resztą życia?
Starość jest jak przepaść,
skoro młodość jest szczytem.

Nie ruszę się stąd.
Choćby na jednej nodze pozostanę młody.
Cienkimi jak pisk mysi wąsikami
uczepiam się powietrza.
W tej pozycji rodzę się wciąż na nowo.
Nie znam innej sztuki.

Ale to zawsze będę ja:
magiczne rękawiczki,
w klapie kotylion z pierwszej maskarady,
falset młodzieńczych manifestów,
twarz ze snu szwaczki o krupierze,
oczy, które lubiłem malować wyjęte
i sypać nimi jak grochem ze strąka,
bo na ten widok drgały martwe uda
publicznej żaby.

Zdziwcie się i wy.
Zdziwcie się do stu beczek Diogenesa,
że biję go w pomysłach.
Zmówcie
wieczne rozpoczynanie.

# Efígie

Se os eleitos dos deuses morrem cedo,
o que fazer do resto da vida?
A velhice é como um abismo
já que a juventude é o cume.

Daqui não saio.
Continuarei jovem ainda que numa perna só.
Com bigodes fininhos
como o guincho de um rato
me agarro ao ar.
Nessa posição renasço continuamente.
Não conheço outra arte.

Mas serei sempre eu:
as luvas mágicas,
na lapela a roseta da primeira mascarada,
o falsete dos manifestos juvenis,
o rosto do sonho da costureira com um crupiê,
os olhos que eu gostava de pintar retirados
e de espalhá-los como ervilhas de uma fava,
pois vendo isso tremiam as coxas mortas
da rã pública.

Espantem-se também vocês.
Espantem-se, por cem barris de Diógenes,
que eu o venço em ideias.
Rezem
o recomeço eterno.

*To, co trzymam w palcach,*
*to są pająki, które maczam w tuszu*
*i rzucam je na płótno.*
*Znów jestem na świecie.*
*Zakwita nowy pępek*
*na brzuchu artysty.*

Isto que seguro nos dedos
são aranhas que mergulho na tinta nanquim
e atiro na tela.
Estou no mundo outra vez.
Floresce um novo umbigo
na barriga do artista.

# Streszczenie

Hiob, doświadczony na ciele i mieniu, złorzeczy doli ludzkiej. To wielka poezja. Przychodzą przyjaciele i rozdzierając szaty swe badają winę Hioba przed obliczem Pana. Hiob woła, że był sprawiedliwy. Hiob nie wie, czemu dosięgnął go Pan. Hiob nie chce mówić z nimi. Hiob chce mówić z Panem. Zjawia się Pan na wozie wichru. Przed otwartym do kości chwali dzieło swoje: niebiosa, morza, ziemię i zwierzęta. A osobliwie Behemota, a w szczególności Lewiatana, dumą napawające bestie. To wielka poezja. Hiob słucha — nie na temat mówi Pan, bo nie na temat pragnie mówić Pan. Pospiesznie przeto korzy się przed Panem. Teraz wypadki następują szybko. Hiob odzyskuje osły i wielbłądy, woły i owce dwakroć przyczynione. Skóra obrasta wyszczerzoną czaszkę. I Hiob pozwala na to. Hiob się godzi. Hiob nie chce psuć arcydzieła.

# Sinopse

Jó, tendo sofrido no corpo e nas posses, maldiz o destino humano. É grande poesia. Chegam os amigos e, rasgando as vestes, examinam a culpa de Jó ante o Senhor. Jó brada que era um homem justo. Jó não sabe por que o Senhor o atingiu. Jó não quer falar com eles. Jó quer falar com o Senhor. O Senhor surge num carro de vendaval. Diante do ser aberto até os ossos, louva a própria obra: os céus, os mares, a terra e os animais. Em particular Beemote e especialmente o Leviatã, criaturas que o enchem de orgulho. É grande poesia. Jó escuta — o Senhor não fala do assunto porque não quer falar do assunto. Às pressas, pois, Jó se prostra diante do Senhor. Agora os acontecimentos se aceleram. Jó recupera em dobro os jumentos e os camelos, os bois e as ovelhas. A pele cresce sobre o crânio arreganhado. E Jó permite. Jó consente. Jó não quer estragar a obra-prima.

# Wiersz ku czci

Był sobie raz. Wymyślił zero.
W kraju niepewnym. Pod gwiazdą
dziś może ciemną. Pomiędzy datami,
na które któż przysięgnie. Bez imienia
nawet spornego. Nie pozostawiając
poniżej swego zera żadnej myśli złotej
o życiu, które jest jak. Ani legendy,
że dnia pewnego do zerwanej róży
zero dopisał i związał ją w bukiet.
Że kiedy miał umierać, odjechał w pustynię
na stugarbnym wielbłądzie. Że zasnął
w cieniu palmy pierwszeństwa. Że się zbudzi,
kiedy już wszystko będzie przeliczone
aż do ziarenka piasku. Cóż za człowiek.
Szczeliną między faktem a zmyśleniem
uszedł naszej uwagi. Odporny
na każdy los. Strąca ze siebie
każdą, jaką mu daję, postać.
Cisza zrosła się nad nim, bez blizny po głosie.
Nieobecność przybrała wygląd horyzontu.
Zero pisze się samo.

# Poema em homenagem

Era uma vez. Inventou o zero.
Em um país incerto. Sob uma estrela
hoje talvez escura. Entre datas
sobre as quais ninguém irá jurar. Sem nome,
mesmo que controverso. Sem deixar
abaixo do seu zero nenhuma máxima
sobre a vida que é como. Nem uma lenda
de que um dia a uma rosa arrancada
juntou um zero e a amarrou num buquê.
De que na hora de morrer foi para o deserto
num camelo de cem corcovas. De que adormeceu
à sombra da palma da vitória. De que acordará
quando tudo já estiver contado
até o último grãozinho de areia. Que homem.
Pela fenda entre o fato e o fictício
escapou à nossa atenção. Resistente
a todo destino. Sacode de si
toda forma que lhe dou.
O silêncio cicatrizou-se sobre ele sem marca de voz.
A ausência assumiu o aspecto do horizonte.
O zero se escreve sozinho.

MUITO DIVERTIDO

# Pamięć nareszcie

Pamięć nareszcie ma, czego szukała.
Znalazła mi się matka, ujrzał mi się ojciec.
Wyśniłam dla nich stół, dwa krzesła. Siedli.
Byli mi znowu swoi i znowu mi żyli.
Dwoma lampami twarzy o szarej godzinie
błyśli jak Rembrandtowi.

Teraz dopiero mogę opowiedzieć,
w ilu snach się tułali, w ilu zbiegowiskach
spod kół ich wyciągałam,
ilu agoniach przez ile mi lecieli rąk.
Odcięci — odrastali krzywo.
Niedorzeczność zmuszała ich do maskarady.
Cóż stąd, że to nie mogło ich poza mną boleć,
jeśli bolało ich we mnie.
Śniona gawiedź słyszała, jak wołałam mamo
do czegoś, co skakało piszcząc na gałęzi.
I był śmiech, że mam ojca z kokardą na głowie.
Budziłam się ze wstydem.

No i nareszcie.
Pewnej zwykłej nocy,
z pospolitego piątku na sobotę,
tacy mi nagle przyszli, jakich chciałam.
Śnili się, ale jakby ze snów wyzwoleni,
posłuszni tylko sobie i niczemu już.
W głębi obrazu zgasły wszystkie możliwości,

# Enfim a memória

Enfim a memória tem o que procurava.
Encontrei minha mãe. Avistei meu pai.
Sonhei para eles uma mesa, duas cadeiras. Sentaram-se.
Eram meus novamente, vivos de novo para mim.
Com as duas lâmpadas de seus rostos no crepúsculo
brilharam como para Rembrandt.

Só agora posso contar
em quantos sonhos vagaram, em quantas multidões
de sob as rodas os retirei,
quantas vezes agonizaram nos meus braços.
Cortados, cresceram tortos.
O absurdo os obrigou a disfarces.
Que importa que não lhes tenha doído além de mim
se lhes doía em mim.
A turba sonhada me ouvia chamar "mamãe"
para algo que pulava nos galhos piando.
E se ria do laço na cabeça de meu pai.
Eu acordava envergonhada.

E enfim.
Numa noite comum
de uma sexta-feira qualquer para sábado,
chegaram de repente como eu os queria.
Sonhei com eles, mas como se libertos dos sonhos,
obedientes só a si mesmos e a mais nada.
No fundo do quadro se apagaram todas as possibilidades,

*przypadkom brakło koniecznego kształtu.*
*Tylko oni jaśnieli piękni, bo podobni,*
*Zdawali mi się długo, długo i szczęśliwie.*

*Zbudziłam się. Otwarłam oczy.*
*Dotknęłam świata jak rzeźbionej ramy.*

os acidentes perderam a forma necessária.
Só eles brilhavam, belos porque parecidos.
Me apareceram felizes, felizes para sempre.

Acordei. Abri os olhos.
Toquei o mundo como a uma moldura entalhada.

# Pejzaż

W pejzażu starego mistrza
drzewa mają korzenie pod olejną farbą,
ścieżka na pewno prowadzi do celu,
sygnaturę z powagą zastępuje źdźbło,
jest wiarygodna piąta po południu,
maj delikatnie ale stanowczo wstrzymany,
więc i ja przystanęłam — ależ tak, drogi mój,
to ja jestem ta niewiasta pod jesionem.

Przyjrzyj się, jak daleko odeszłam od ciebie,
jaki mam biały czepek i żółtą spódnicę,
jak mocno trzymam koszyk, żeby nie wypaść z obrazu,
jak paraduję sobie w cudzym losie
i odpoczywam od żywych tajemnic.

Choćbyś zawołał, nie usłyszę,
a choćbym usłyszała, nie odwrócę się,
a choćbym i zrobiła ten niemożliwy ruch,
twoja twarz wyda mi się obca.

Znam świat w promieniu sześciu mil.
Znam zioła i zaklęcia na wszystkie boleści.
Bóg jeszcze patrzy w czubek mojej głowy.
Modlę się jeszcze o nienagłą śmierć.
Wojna jest karą a pokój nagrodą.
Zawstydzające sny pochodzą od szatana.
Mam oczywistą duszę jak śliwka ma pestkę.

# Paisagem

Na paisagem do velho mestre
as árvores têm raízes sob a tinta a óleo,
o caminho com certeza conduz ao destino,
uma folha de relva substitui solene a assinatura,
são cinco da tarde confiáveis,
um maio detido suave mas firmemente,
assim também eu me detive — isso mesmo, meu caro,
sou eu aquela donzela sob o freixo.

Observe quanto me afastei de você,
que branca é a minha toca, amarela a minha saia,
com que força seguro o cesto para não cair do quadro,
como me pavoneio num destino alheio
e descanso dos segredos vivos.

Mesmo que você chame, eu não ouvirei,
e mesmo que eu ouça, não me voltarei,
e mesmo que eu faça esse movimento impossível,
teu rosto me parecerá estranho.

Conheço o mundo num raio de seis milhas.
Conheço ervas e magias para todas as moléstias.
Deus ainda olha para o alto da minha cabeça.
Ainda rezo por uma morte não repentina.
A guerra é uma punição e a paz, um prêmio.
Os sonhos vergonhosos vêm de satã.
Tenho uma alma óbvia como a ameixa tem caroço.

*Nie znam zabawy w serce.*
*Nie znam nagości ojca moich dzieci.*
*Nie podejrzewam Pieśni nad pieśniami*
*o pokreślony zawiły brudnopis.*
*To, co pragnę powiedzieć, jest w gotowych zdaniach.*
*Nie używam rozpaczy, bo to rzecz nie moja,*
*a tylko powierzona mi na przechowanie.*

*Choćbyś zabiegł mi drogę,*
*choćbyś zajrzał w oczy,*
*minę cię samym skrajem przepaści cieńszej niż włos.*

*Na prawo jest mój dom, który znam dookoła*
*razem z jego schodkami i wejściem do środka,*
*gdzie dzieją się historie nienamalowane:*
*kot skacze na ławę,*
*słońce pada na cynowy dzban,*
*za stołem siedzi kościsty mężczyzna*
*i reperuje zegar.*

Não conheço os folguedos do coração.
Não conheço a nudez do pai dos meus filhos.
Não suponho que o Cântico dos cânticos
tenha um tortuoso rascunho rasurado.
O que quero dizer vem em frases feitas.
Não uso o desespero porque não é meu,
ele apenas foi confiado à minha guarda.

Mesmo que você me barre o caminho,
mesmo que me olhe nos olhos,
passarei por você na beira de um abismo mais fino que um cabelo.

À direita está minha casa, que conheço de todos os lados,
com as suas escadas e a sua entrada,
onde acontecem histórias não pintadas:
um gato pula no banco,
o sol bate numa jarra de estanho,
e sentado atrás da mesa um homem ossudo
conserta um relógio.

# Dworzec

Nieprzyjazd mój do miasta N.
odbył się punktualnie.

Zostałeś uprzedzony
niewysłanym listem.

Zdążyłeś nie przyjść
w przewidzianej porze.

Pociąg wjechał na peron trzeci.
Wysiadło dużo ludzi.

Uchodził w tłumie do wyjścia
brak mojej osoby.

Kilka kobiet zastąpiło mnie
pośpiesznie
w tym pośpiechu.

Do jednej podbiegł
ktoś nieznany mi,
ale ona rozpoznała go
natychmiast.

Oboje wymienili
nie nasz pocałunek,

# A estação

A minha não chegada à cidade de N.
aconteceu pontualmente.

Você foi avisado
por uma carta não enviada.

Conseguiu não chegar
na hora prevista.

O trem entrou na plataforma três.
Desceu muita gente.

À multidão rumo à saída
juntou-se a minha ausência.

Algumas mulheres tomaram o meu lugar
às pressas
naquela pressa.

Correu para uma delas
alguém que não conheço,
mas ela o reconheceu
de imediato.

Ambos trocaram
um beijo não nosso,

*podczas czego zginęła*
*nie moja walizka.*

*Dworzec w mieście N.*
*dobrze zdał egzamin*
*z istnienia obiektywnego.*

*Całość stała na swoim miejscu.*
*Szczegóły poruszały się*
*po wyznaczonych torach.*

*Odbyło się nawet*
*umówione spotkanie.*

*Poza zasięgiem*
*naszej obecności.*

*W raju utraconym*
*prawdopodobieństwa.*

*Gdzie indziej.*
*Gdzie indziej.*
*Jak te słówka dźwięczą.*

instante em que sumiu
uma maleta não minha.

A estação da cidade de N.
passou bem na prova
da existência objetiva.

O todo ficou no lugar.
Os detalhes se movimentaram
pelos trilhos designados.

Aconteceu até
um encontro marcado.

Fora do alcance
da nossa presença.

No paraíso perdido
da probabilidade.

Num outro lugar.
Num outro lugar.
Como estas palavrinhas ressoam.

# Urodzony

Więc to jest jego matka.
Ta mała kobieta.
Szarooka sprawczyni.

Łódka, w której przed laty
przypłynął do brzegu.

To z niej się wydobywał
na świat,
na niewieczność.

Rodzicielka mężczyzny,
z którym skaczę przez ogień.

Więc to ona, ta jedyna,
co go sobie nie wybrała
gotowego, zupełnego.

Sama go pochwyciła
w znajomą mi skórę,
przywiązała do kości
ukrytych przede mną.

Sama mu wypatrzyła
jego szare oczy,
jakimi spojrzał na mnie.

# Nascido

Então esta é a mãe dele.
Esta mulher pequenina.
A genitora de olhos cinzentos.

A canoa na qual há anos
ele veio para a margem.

Foi dela que ele saiu
para o mundo,
para a não eternidade.

A geratriz do homem
com quem salto através do fogo.

Então é ela, a única
que não o escolheu
pronto, completo.

Foi ela que o prendeu
na pele que eu conheço,
o atou aos ossos
ocultos de mim.

Foi ela que viu para ele
esses olhos cinzentos
com os quais me fitou.

Więc to ona, alfa jego.
Dlaczego mi ją pokazał.

Urodzony.
Więc jednak i on urodzony.
Urodzony jak wszyscy.
Jak ja, która umrę.

Syn prawdziwej kobiety.
Przybysz z głębin ciała.
Wędrowiec do omegi.

Narażony
na nieobecność swoją
zewsząd,
w każdej chwili.

A jego głowa
to jest głowa w mur
ustępliwy do czasu.

A jego ruchy
to są uchylenia
od powszechnego wyroku.

Zrozumiałam,
że uszedł już połowę drogi.

Ale mi tego nie powiedział,
nie.

Então é ela, o seu alfa.
Por que a mostrou para mim?

Nascido.
Nascido, pois, também ele.
Nascido como todos.
Como eu, que vou morrer.

Filho de uma mulher real.
Vindo das profundezas do corpo.
Um viajante para ômega.

Exposto
à própria ausência
por toda parte,
a cada instante.

E sua cabeça
é uma cabeça contra um muro
que ainda cede.

E seus movimentos
são uma revogação
do veredito universal.

Compreendi
que já percorreu metade do caminho.

Mas isso ele não me falou,
não.

*— To moja matka —
powiedział mi tylko.*

— Esta é minha mãe —
foi só o que me disse.

# Pisane w hotelu

Kioto ma szczęście,
szczęście i pałace,
skrzydlate dachy,
schodki w gamach.
Sędziwe a zalotne,
kamienne a żywe,
drewniane
a tak jakby z nieba w ziemię rosło.
Kioto jest miastem pięknym
aż do łez.

Prawdziwych łez
pewnego pana,
znawcy zabytków, miłośnika,
który w rozstrzygającej chwili,
przy zielonym stole
zawołał,
że jest przecież tyle gorszych miast —
i rozpłakał się nagle
na swoim krzesełku.

Tak ocalało Kioto
od Hiroszimy stanowczo piękniejsze.

Ale to dawne dzieje.
Nie mogę wiecznie myśleć tylko o tym

# Escrito num hotel

Kioto tem sorte,
sorte e palácios,
telhados alados,
escadas em escalas musicais.
Velha, mas coquete,
pétrea, mas viva,
de madeira
mas como que crescendo do céu à terra.
Kioto é uma cidade bela
até as lágrimas.

Lágrimas verdadeiras
de um certo senhor,
conhecedor e amante de antiguidades,
que num momento decisivo,
na mesa de conferência,
gritou
que afinal havia tantas cidades piores —
e de repente pôs-se a soluçar
na sua cadeirinha.

Assim foi salva Kioto,
sem dúvida mais bela que Hiroshima.

Mas essa é uma velha história.
Não posso pensar só nisso a vida toda

ani pytać bez przerwy
co będzie, co będzie.

Na co dzień wierzę w trwałość,
w perspektywy historii.
Nie potrafię gryźć jabłek
w nieustannej grozie.

Słyszę, że Prometeusz ten i ów
chodzi w kasku strażackim
i cieszy się z wnucząt.

Pisząc te swoje wiersze
zastanawiam się,
co w nich, za ile lat
wyda się śmieszne.

Już tylko czasem
ogarnia mnie strach.
W podróży.
W obcym mieście.

Gdzie z cegły mur jak mur,
wieża stara bo stara,
łupina tynku pod byle zbyć gzymsem,
pudła mieszkalne nowych dzielnic,
nic,
drzewko bezradne.

nem perguntar sem parar
o que será, o que será.

No dia a dia acredito na permanência,
nas perspectivas da história.
Não consigo morder as maçãs,
em constante estado de terror.

Ouço falar de um certo Prometeu
que anda com capacete de bombeiro
e se alegra com os netos.

Escrevendo estes meus versos
me pergunto
o que deles, e em quanto tempo,
vai parecer ridículo.

Só às vezes
o medo me domina.
Numa viagem.
Numa cidade estranha.

Onde um muro de tijolo como todo muro,
uma torre antiga porque antiga,
um caco de gesso sob uma cornija qualquer —
casas-caixotes nos bairros novos,
nada,
só uma arvorezinha indefesa.

*Co by tu robił
ten wrażliwy pan,
miłośnik, znawca.*

*Pożal się z gipsu boże.
Westchnij klasyku
fabrycznym popiersiem.*

*Już tylko czasem
w mieście, jakich wiele.
W pokoju hotelowym
z widokiem na rynnę
i z niemowlęcym krzykiem
kota pod gwiazdami.*

*W mieście, gdzie dużo ludzi,
więcej niż na dzbanach,
na filiżankach, spodkach, parawanach.*

*W mieście, o którym wiem
tę jedną rzecz,
że to nie Kioto,
nie Kioto na pewno.*

O que faria aqui
aquele senhor sensível,
amante e conhecedor de antiguidades?

Tem piedade, ó deus de gesso.
Suspira, ó clássico,
com teu busto fabricado em série.

Só de vez em quando
numa cidade como tantas.
Num quarto de hotel
com vista para a sarjeta
e um gato que berra como um bebê
sob as estrelas.

Numa cidade com muita gente,
mais que as pintadas nos bules,
xícaras, pires, biombos.

Numa cidade da qual sei
uma única coisa:
que não é Kioto,
por certo não é Kioto.

# Relacja ze szpitala

Ciągnęliśmy zapałki, kto ma pójść do niego.
Wypadło na mnie. Wstałem od stolika.
Zbliżała się już pora odwiedzin w szpitalu.

Nie odpowiedział nic na powitanie.
Chciałem go wziąć za rękę — cofnął ją
jak głodny pies, co nie da kości.

Wyglądał, jakby się wstydził umierać.
Nie wiem, o czym się mówi takiemu jak on.
Mijaliśmy się wzrokiem jak w fotomontażu.

Nie prosił ani zostań, ani odejdź.
Nie pytał o nikogo z naszego stolika.
Ani o ciebie, Bolku. Ani o ciebie, Tolku. Ani o ciebie, Lolku.

Rozbolała mnie głowa. Kto komu umiera?
Chwaliłem medycynę i trzy fiołki w szklance.
Opowiadałem o słońcu i gasłem.

Jak dobrze, że są schody, którymi się zbiega.
Jak dobrze, że jest brama, którą się otwiera.
Jak dobrze, że czekacie na mnie przy stoliku.

Szpitalna woń przyprawia mnie o mdłości.

# Relato do hospital

Tiramos a sorte no palito para ver quem ia vê-lo.
Fui sorteado. Levantei-me da mesa.
Já estava chegando o horário de visitas no hospital.

Não respondeu nada quando o cumprimentei.
Quis tomar a sua mão — ele a retirou
como um cão faminto que não entrega o osso.

Parecia se envergonhar de morrer.
Não sei o que se diz para alguém como ele.
Nossos olhares divergiam como numa fotomontagem.

Não me pediu para ficar nem para sair.
Não perguntou de ninguém da nossa mesa.
Nem de você, Bolek. Nem de você, Tolek. Nem de você, Lolek.

Minha cabeça começou a doer. Quem está morrendo para quem?
Elogiei a medicina e as três violetas num copo.
Falei sobre o sol e fui me apagando.

Que bom que tem escadas por onde se desce correndo.
Que bom que tem um portão que se abre.
Que bom que vocês me esperam junto à mesa.

Cheiro de hospital me dá náusea.

# Przylot

Tej wiosny, znowu ptaki wróciły za wcześnie.
Ciesz się, rozumie, instynkt też się myli.
Zagapi się, przeoczy — i spadają w śnieg,
i giną licho, giną nie na miarę
budowy swojej krtani i arcypazurków,
rzetelnych chrząstek i sumiennych błon,
dorzecza serca, labiryntu jelit,
nawy żeber i kręgów w świetnej amfiladzie,
piór godnych pawilonu w muzeum wszechrzemiosł
i dzioba mniszej cierpliwości.

To nie jest lament, to tylko zgorszenie,
że anioł z prawdziwego białka,
latawiec o gruczołach z Pieśni nad pieśniami,
pojedynczy w powietrzu, nieprzeliczony w ręce,
tkanka po tkance związany we wspólność
miejsca i czasu jak sztuka klasyczna
w brawach skrzydeł —
spada i kładzie się obok kamienia,
który w swój archaiczny i prostacki sposób
patrzy na życie jak na odrzucane próby.

# Retorno

Nesta primavera as aves voltaram mais cedo outra vez.
Alegre-se, razão: o instinto também se engana.
Fica distraído, se descuida — e elas caem na neve
e morrem bestamente, uma morte não na medida
da estrutura de sua laringe e de suas arquigarras,
cartilagens confiáveis e membranas meticulosas,
confluências do coração e labirinto de tripas,
nave de costelas e vértebras em belas arcadas,
penas dignas de uma ala num museu de artesanato universal
e bico de uma paciência de monge.

Isto não é um lamento; é só indignação
porque um anjo de proteína real,
uma pipa de glândulas do Cântico dos cânticos,
único no ar, incalculável na mão,
tecido após tecido atado num laço comum
de tempo e lugar, como num drama clássico,
entre os aplausos das asas —
cai e se deita ao lado de uma pedra
que do seu modo arcaico e tosco
vê a vida como tentativas malogradas.

# Tarsjusz

Ja tarsjusz syn tarsjusza,
wnuk tarsjusza i prawnuk,
zwierzątko małe, złożone z dwóch źrenic
i tylko bardzo już koniecznej reszty;
cudownie ocalony od dalszej przeróbki,
bo przysmak ze mnie żaden,
na kołnierz są więksi,
gruczoły moje nie przynoszą szczęścia,
koncerty odbywają się bez moich jelit;
ja tarsjusz
siedzę żywy na palcu człowieka.

Dzień dobry, wielki panie,
co mi za to dasz,
że mi niczego nie musisz odbierać?
Swoją wspaniałomyślność czym mi wynagrodzisz?
Jaką mi, bezcennemu, przyznasz cenę
za pozowanie do twoich uśmiechów?

Wielki pan dobry —
wielki pan łaskawy —
któż by mógł o tym świadczyć, gdyby brakło
zwierząt niewartych śmierci?
Wy sami może?
Ależ to, co już o sobie wiecie,
starczy na noc bezsenną od gwiazdy do gwiazdy.

# Társio

Eu, társio, filho de társio,
neto e bisneto de társio,
bichinho feito de duas pupilas
e apenas o mais essencial do resto;
salvo por milagre de outras alterações,
pois não sirvo para iguaria,
para gola de pele há bichos maiores,
minhas glândulas não trazem sorte,
concertos acontecem sem minhas tripas;
eu, társio,
sento-me vivo no dedo de um humano.

Bom dia, grande senhor,
o que me dará
por não precisar tirar nada de mim?
Pela sua bondade, com o que me recompensa?
Que preço dará a mim, que não tenho preço,
por posar para os seus sorrisos?

O grande senhor é bondoso —
o grande senhor é generoso —
quem poderia dar esse testemunho se não houvesse
animais que não merecem morrer?
Vocês mesmos talvez?
Mas o que já sabem de si mesmos
basta para uma noite insone de estrela a estrela.

*I tylko my nieliczne, z futer nie odarte,*
*nie zdjęte z kości, nie strącone z piór,*
*uszanowane w kolcach, łuskach, rogach, kłach*
*i co tam które jeszcze ma*
*z pomysłowego białka,*
*jesteśmy — wielki panie — twoim snem,*
*co uniewinnia cię na krótką chwilę.*

*Ja tarsjusz, ojciec i dziadek tarsjusza,*
*zwierzątko małe, prawie że półczegoś,*
*co jednak jest całością od innych nie gorszą;*
*tak lekki, że gałązki wznoszą się pode mną,*
*i mogłyby mnie dawno w niebo wziąć,*
*gdybym nie musiał raz po raz*
*spadać kamieniem z serc*
*ach, roztkliwionych;*
*ja tarsjusz*
*wiem, jak bardzo trzeba być tarsjuszem.*

E somente nós, os poucos não despelados,
não desossados, não depenados,
respeitados nos espinhos, escamas, chifres, presas,
e o mais que cada um possa ter
da engenhosa proteína,
somos — grande senhor — o seu sonho
que o absolve por um breve instante.

Eu, társio, pai e avô de társio,
bichinho quase metade de qualquer coisa,
que porém é um todo não pior que outros;
tão leve que os ramos se erguem debaixo de mim
e poderiam ter me elevado ao céu há tempos,
se eu não precisasse uma e outra vez
tirar o peso dos corações
oh, tão enternecidos;
eu, társio,
sei o quanto é necessário ser um társio.

# Do serca w niedzielę

Dziękuję ci, serce moje,
że nie marudzisz, że się uwijasz,
bez pochlebstw, bez nagrody,
z wrodzonej pilności.

Masz siedemdziesiąt zasług na minutę.
Każdy twój skurcz
jest jak zepchnięcie łodzi
na pełne morze
w podróż dookoła świata.

Dziękuję ci, serce moje,
że raz po raz
wyjmujesz mnie z całości
nawet we śnie osobną.

Dbasz, żebym nie prześniła się na wylot,
na wylot,
do którego skrzydeł nie potrzeba.

Dziękuję ci, serce moje,
że obudziłam się znowu
i chociaż jest niedziela,
dzień odpoczywania,
pod żebrami
trwa zwykły przedświąteczny ruch.

# Para o meu coração num domingo

Te agradeço, coração meu,
por não se queixar, por se afanar
sem elogios, sem recompensa,
num desvelo inato.

Você tem setenta méritos por minuto.
Cada contração tua
é como o lançar de uma canoa
no mar aberto
numa viagem ao redor do mundo.

Te agradeço, coração meu,
porque sem cessar
você me retira do todo,
separada até no sonho.

Você cuida para que eu não sonhe demais
com o voo
para o qual não é preciso ter asas.

Te agradeço, coração meu,
por eu ter acordado de novo
e embora seja domingo,
dia de descanso,
sob as costelas
você seguir o ritmo normal da semana.

## Akrobata

Z trapezu na
na trapez, w ciszy po
po nagle zmilkłym werblu, przez
przez zaskoczone powietrze, szybszy niż
niż ciężar ciała, które znów
znów nie zdążyło spaść.

Sam. Albo jeszcze mniej niż sam,
mniej, bo ułomny, bo mu brak
brak skrzydeł, brak mu bardzo,
brak, który go zmusza
do wstydliwych przefrunięć na nieupierzonej
już tylko nagiej uwadze.

Mozolnie lekko,
z cierpliwą zwinnością,
w wyrachowanym natchnieniu. Czy widzisz,
jak on się czai do lotu, czy wiesz,
jak on spiskuje od głowy do stóp
przeciw takiemu jakim jest; czy wiesz, czy widzisz

jak chytrze się przez dawny kształt przewleka i
żeby pochwycić w garść rozkołysany świat
nowo zrodzone z siebie wyciąga ramiona —

piękniejsze ponad wszystko w jednej tej
w tej jednej, która zresztą już minęła, chwili.

# O acrobata

De trapézio em
em trapézio, no silêncio após
após o súbito emudecer do tambor, pelo
pelo ar assustado, mais veloz que
que o peso do corpo, que de novo
de novo não teve tempo de cair.

Só. Ou ainda menos que só,
menos, porque imperfeito, porque sem,
sem asas, que faltam muito,
falta que o obriga
a voos tímidos numa atenção sem plumas,
numa atenção já nua.

Penosamente leve,
com paciente agilidade,
e inspiração calculada. Vê
como ele se arma para o voo?
sabe como ele trama da cabeça aos pés
contra aquilo que é? você sabe, você vê

com que astúcia passa através de sua antiga forma e
para agarrar na mão o mundo balouçante
estende os braços renascidos —

mais belos que tudo neste único
neste único, de resto já passado, instante?

# Fetysz płodności z paleolitu

Wielka Matka nie ma twarzy.
Na co Wielkiej Matce twarz.
Twarz nie potrafi wiernie należeć do ciała,
twarz się naprzykrza ciału, jest nieboska,
narusza jego uroczystą jedność.
Obliczem Wielkiej Matki jest wypukły brzuch
z ślepym pępkiem pośrodku.

Wielka Matka nie ma stóp.
Na co Wielkiej Matce stopy.
A gdzież to jej wędrować.
A po cóż by miała wchodzić w szczegóły świata.
Ona już zaszła tam, gdzie chciała zajść
i waruje w pracowniach pod napiętą skórą.

Jest świat? No to i dobrze.
Obfity? Tym lepiej.
Mają się dokąd porozbiegać dziatki,
mają ku czemu wznosić głowy? Pięknie.
Tyle go, że istnieje nawet kiedy śpią,
aż do przesady cały i prawdziwy?
I zawsze, nawet za plecami, jest?
To dużo, bardzo dużo z jego strony.

Wielka Matka dwie rączki ledwie ledwie ma,
dwie cienkie skrzyżowane leniwie na piersiach.
Po cóż by miały życiu błogosławić,

# Um fetiche de fertilidade do paleolítico

A Grande Mãe não tem rosto.
Para que um rosto para a Grande Mãe?
O rosto não consegue ser fiel ao corpo,
o rosto perturba o corpo, é não divino,
transtorna a sua solene unidade.
A face da Grande Mãe é seu ventre saliente
com o umbigo cego no centro.

A Grande Mãe não tem pés.
Para que pés para a Grande Mãe?
Por onde ela iria perambular?
E por que deveria entrar nos detalhes do mundo?
Ela já chegou aonde queria chegar
e permanece nas oficinas sob a pele tesa.

Há um mundo? Que bom.
Abundante? Melhor ainda.
As crianças têm onde se espalhar,
algo para o qual levantar a cabeça? Fantástico.
Há tanto mundo que existe mesmo quando dormem,
inteiro e real até o exagero?
E mesmo que lhe voltem as costas?
É muito, muito generoso da parte dele.

A Grande Mãe mal tem dois bracinhos,
miúdos, frouxamente cruzados no peito.
Por que iriam abençoar a vida,

*obdarowywać obdarowanego!*
*Jedyną ich powinnością,*
*jest podczas ziemi i nieba*
*wytrwać na wszelki wypadek,*
*który się nigdy nie zdarzy.*
*Zygzakiem leżeć na treści.*
*Być prześmiechem ornamentu.*

presentear o já presenteado?
Sua única obrigação
é, pelo tempo da terra e do céu,
perdurar para qualquer eventualidade
que nunca acontecerá.
Deitar em zigue-zague sobre o conteúdo.
Ser a zombaria do ornamento.

# Jaskinia

Na ścianach nic
i tylko wilgoć spływa.
Ciemno i zimno tu.

Ale ciemno i zimno
po wygasłym ogniu.
Nic — ale po bizonie
ochrą malowanym.

Nic — ale nic zaległe
po długim oporze
pochylonego łba.
A więc Nic Piękne.
Godne dużej litery.
Herezja wobec potocznej nicości,
nienawrócona i dumna z różnicy.

Nic — ale po nas,
którzyśmy tu byli
i serca swoje jedli,
i krew swoją pili.

Nic, czyli taniec nasz
niedotańczony.
Twoje pierwsze u płomienia
uda, ręce, karki, twarze.

# A caverna

Nas paredes nada,
só a umidade escorre.
É escuro e frio aqui.

Mas escuro e frio
depois de extinto o fogo.
Nada — mas depois
de um bisão pintado de ocre.

Nada — mas um nada depois
da longa resistência
de uma cabeça de animal.
Portanto um Nada Belo.
Digno de letra maiúscula.
Uma heresia ante o nada banal,
não convertida e orgulhosa da diferença.

Nada — mas depois de nós,
que aqui estivemos
e nossos corações comemos
e nosso sangue bebemos.

Nada, ou seja, a nossa dança
não dançada até o fim.
À luz do fogo, teus primeiros
quadris, mãos, nucas, rostos.

*Moje pierwsze święte brzuchy*
*z maleńkimi Pascalami.*

*Cisza — ale po głosach.*
*Nie z rodu cisz gnuśnych.*
*Cisza, co kiedyś swoje gardła miała,*
*piszczałki i bębenki.*
*Szczepił ją tu jak dziczkę*
*skowyt, śmiech.*

*Cisza — ale w ciemnościach*
*wywyższonych powiekami.*
*Ciemności — ale w chłodzie*
*przez skórę, przez kość.*
*Chłód — ale śmierci.*

*Na ziemi może jednej*
*w niebie? może siódmym?*

*Wygłowiłeś się z pustki*
*i bardzo chcesz wiedzieć.*

Meus primeiros ventres sacros
com minúsculos Pascais.

Silêncio, mas depois das vozes.
Não da família dos silêncios indolentes.
Um silêncio que um dia teve suas gargantas,
pífaros e tamborins.
Plantaram-no aqui como porta-enxerto
o uivo, o riso.

Silêncio — mas na escuridão
exaltada pelas pálpebras.
Escuridão — mas no frio
penetrando a pele, o osso.
Frio — mas da morte.

Na terra, talvez uma,
no céu? talvez no sétimo?

Você, pensante, deixou o vazio
e quer muito saber.

TODO O CASO

# Wszelki wypadek

Zdarzyć się mogło.
Zdarzyć się musiało.
Zdarzyło się wcześniej. Później.
Bliżej. Dalej.
Zdarzyło się nie tobie.

Ocalałeś, bo byłeś pierwszy.
Ocalałeś, bo byłeś ostatni.
Bo sam. Bo ludzie.
Bo w lewo. Bo w prawo.
Bo padał deszcz. Bo padał cień.
Bo panowała słoneczna pogoda.

Na szczęście był tam las.
Na szczęście nie było drzew.
Na szczęście szyna, hak, belka, hamulec,
framuga, zakręt, milimetr, sekunda.
Na szczęście brzytwa pływała po wodzie.

Wskutek, ponieważ, a jednak, pomimo.
Co by to było, gdyby ręka, noga,
o krok, o włos
od zbiegu okoliczności.

Więc jesteś? Prosto z uchylonej jeszcze chwili?
Sieć była jednooka, a ty przez to oko?

# Todo o caso

Podia acontecer.
Precisava acontecer.
Aconteceu mais cedo. Mais tarde.
Mais perto. Mais longe.
Aconteceu não para você.

Você se salvou por ser o primeiro.
Você se salvou por ser o último.
Por estar só. Por ter companhia.
Porque à esquerda. Porque à direita.
Porque ficou na chuva. Porque ficou à sombra.
Porque estava ensolarado o dia.

Por sorte lá havia um bosque.
Por sorte não havia árvores.
Por sorte um trilho, um gancho, uma trave, um freio,
um batente, uma curva, um milímetro, um segundo.
Por sorte o abismo tinha beira.

Por causa de, porque, porém, apesar de.
O que seria se a mão, o pé,
por um fio, a um passo
de uma coincidência.

Então você está aqui? Direto do instante ainda entreaberto?
Uma única malha na rede e você passou por ela?

*Nie umiem się nadziwić, namilczeć się temu.*
*Posłuchaj,*
*jak mi prędko bije twoje serce.*

Não canso de me espantar, de me calar sobre isso.
Escuta
como me bate forte o teu coração.

# Głosy

Ledwie ruszysz nogą, zaraz jak spod ziemi
Aboryginowie, Marku Emiliuszu.

W sam środek Rutulów już ci grzęźnie pięta.
W Sabinów, Latynów wpadasz po kolana.
Już po pas, po szyję, już po dziurki w nosie
Ekwów masz i Wolsków, Lucjuszu Fabiuszu.

Do uprzykrzenia pełno tych małych narodów,
do przesytu i mdłości, Kwintusie Decjuszu.

Jedno miasto, drugie, sto siedemdziesiąte.
Upór Fidenatów. Zła wola Felisków.
Ślepota Ecetran. Chwiejność Antemnatów.
Obraźliwa niechęć Labikan, Pelignów.
Oto co nas łagodnych zmusza do surowości
za każdym nowym wzgórzem, Gajuszu Kleliuszu.

Gdybyż nie zawadzali, ale zawadzają
Aurunkowie, Marsowie, Spuriuszu Manliuszu.

Tarkwiniowie stąd zowąd, Etruskowie zewsząd.
Wolsyńczycy ponadto. Na domiar Wejenci.
Ponad sens Aulerkowie. Item Sappianaci
ponad ludzką cierpliwość, Sekstusie Oppiuszu.

# Vozes

Você mal move uma perna e já aparecem
aborígenes, Marco Emílio.

Teus calcanhares já se atolam no meio dos rútulos.
Você se afunda até os joelhos em sabinos e latinos.
Está até a cintura, até o pescoço, até as orelhas
de équos e volscos, Lúcio Fábio.

Dá um cansaço a quantidade desses povos pequenos,
até o excesso, até a náusea, Quinto Décio.

Uma cidade, outra, cento e setenta.
A teimosia dos fidenos. A má vontade dos faliscos.
A cegueira dos ecetranos, a inconstância dos antemnatos.
A relutância ofensiva dos labicanos, dos pelignos.
Isso obriga a nós, mansos, a ser severos
a cada novo monte atravessado, Gaio Clélio.

Se ao menos não atrapalhassem, mas atrapalham
os auruncos, os marsos, Espúrio Mânlio.

Os tarquínios daqui e de acolá, os etruscos de toda parte.
Afora esses, os volsiniences. Para culminar, os veientanos.
Além da razão os aulercos. Item para os salpinatos,
haja paciência, Sexto Ópio.

*Narody małe rozumieją mało.*
*Otacza nas tępota coraz szerszym kręgiem.*
*Naganne obyczaje. Zacofane prawa.*
*Nieskuteczni bogowie, Tytusie Williuszu.*

*Kopce Herników. Roje Murrycynów.*
*Owadzia mnogość Westynów, Samnitów.*
*Im dalej, tym ich więcej, Serwiuszu Folliuszu.*

*Godne ubolewania są małe narody.*
*Ich lekkomyślność wymaga nadzoru*
*za każdą nową rzeką, Aulusie Juniuszu.*

*Czuję się zagrożony wszelkim horyzontem.*
*Tak bym ujął tę kwestię, Hostiuszu Meliuszu.*

*Na to ja, Hostiusz Meliusz, Appiuszu Papiuszu,*
*powiadam tobie: Naprzód. Gdzieś wreszcie jest koniec świata.*

Povos pequenos têm mentes pequenas.
O círculo da estupidez se alarga ao nosso redor.
Costumes reprováveis. Leis retrógradas.
Deuses ineficazes, Tito Vílio.

Montes de hérnicos. Enxames de marrucinos.
Numerosos como insetos os vestinos, os samnitas.
Quanto mais se avança, mais se vê deles, Sérvio Fólio.

São dignos de pena os povos pequenos.
Sua imprudência requer supervisão
a cada novo rio vadeado, Áulio Júnio.

Sinto-me ameaçado por todo o horizonte.
Assim eu formularia esta questão, Hóstio Mélio.

Pois eu, Hóstio Mélio, te respondo, Ápio Pápio:
Avante. Em algum lugar o mundo por fim acaba.

# Prospekt

Jestem pastylka na uspokojenie.
Działam w mieszkaniu,
skutkuję w urzędzie,
siadam do egzaminów,
staję na rozprawie,
starannie sklejam rozbite garnuszki —
tylko mnie zażyj,
rozpuść pod językiem,
tylko mnie połknij,
tylko popij wodą.

Wiem, co robić z nieszczęściem,
jak znieść złą nowinę,
zmniejszyć niesprawiedliwość,
rozjaśnić brak Boga,
dobrać do twarzy kapelusz żałobny.
Na co czekasz —
zaufaj chemicznej litości.

Jesteś jeszcze młody (młoda),
powinieneś (powinnaś) urządzić się jakoś.
Kto powiedział,
że życie ma być odważnie przeżyte?

Oddaj mi swoją przepaść —
wymoszczę ją snem,

# Prospecto

Sou um tranquilizante.
Funciono em casa,
atuo no escritório,
presto exames,
compareço à audiência,
colo com cuidado as canecas quebradas —
basta me tomar,
colocar sob a língua,
basta me engolir
com um pouco de água.

Sei como lidar com a infelicidade,
suportar más notícias,
diminuir a injustiça,
iluminar a ausência de Deus,
combinar com a face o chapéu de luto.
O que está esperando —
confie na piedade química.

Você ainda é moço (moça),
devia se arranjar de algum modo.
Quem disse
que a vida deve ser vivida com coragem?

Me dê o seu precipício —
eu o forrarei com o sono,

*będziesz mi wdzięczny (wdzięczna)*
*za cztery łapy spadania.*

*Sprzedaj mi swoją duszę.*
*Inny się kupiec nie trafi.*

*Innego diabła już nie ma.*

você ficará grato (grata)
por poder cair com os dois pés firmes.

Me venda a sua alma.
Ninguém mais vai comprar.

Outro diabo já não há.

# Spacer wskrzeszonego

Pan profesor już umarł trzy razy.
Po pierwszej śmierci kazano mu poruszać głową.
Po drugiej śmierci kazano mu siadać.
Po trzeciej — postawiono go nawet na nogi,
podparto grubą zdrową nianią:
Pójdziemy sobie teraz na mały spacerek.

Głęboko uszkodzony po wypadku mózg
i proszę, aż dziw bierze, ile pokonał trudności:
Lewa prawa, jasno ciemno, drzewo trawa, boli jeść.

Dwa plus dwa, profesorze?
Dwa — mówi profesor.
Jest to odpowiedź lepsza od poprzednich.

Boli, trawa, siedzieć, ławka.
A na końcu alei znowu ta stara jak świat,
niejowialna, nierumiana,
trzy razy stąd przepędzana,
podobno niania prawdziwa.

Pan profesor chce do niej.
Znów się nam wyrywa.

# O passeio do ressuscitado

O professor já morreu três vezes.
Após a primeira morte mandaram-no mover a cabeça.
Após a segunda mandaram-no sentar.
Após a terceira — até o fizeram ficar de pé
apoiado numa babá gorda e saudável:
Agora vamos dar uma voltinha.

O cérebro profundamente prejudicado pelo acidente
e vejam que incrível — quantas dificuldades ele superou:
esquerda direita, claro escuro, árvore grama, dói pra comer.

Dois mais dois, professor?
Dois — diz o professor.
Resposta melhor que as anteriores.

Dói, grama, sentar, banco.
E no final da aleia, outra vez aquela velha como o mundo,
desagradável, descorada,
três vezes daqui enxotada,
presumível babá verdadeira.

O professor quer ir até ela.
Tenta de novo se livrar de nós.

# Fotografia tłumu

Na fotografii tłumu
moja głowa siódma z kraja,
a może czwarta na lewo
albo dwudziesta od dołu;

moja głowa nie wiem która,
już nie jedna, nie jedyna,
już podobna do podobnych,
ni to kobieca, ni męska;

znaki, które mi daje,
to znaki szczególne żadne;

może widzi ją Duch Czasu,
ale się jej nie przygląda;

moja głowa statystyczna,
co spożywa stal i kable
najspokojniej, najglobalniej;

bez wstydu, że jakakolwiek,
bez rozpaczy, że wymienna;

jakbym wcale jej nie miała
po swojemu i z osobna

# Foto da multidão

Na foto da multidão
minha cabeça é a sétima do canto,
ou talvez a quarta da esquerda
ou a vigésima de baixo para cima;

minha cabeça, não sei qual,
já não uma, não única,
já semelhante a semelhantes,
nem de mulher nem de homem;

os sinais que ela me dá
não são sinais particulares;

talvez o Espírito do Tempo
a veja, mas não a examine;

minha cabeça estatística,
que consome aço e cabos
do modo mais sereno e global;

sem prurido de ser qualquer uma,
sem desespero de ser permutável;

como se de fato eu não a tivesse
à parte e do meu jeito;

*jakby cmentarz odkopano*
*pełen bezimiennych czaszek*
*o niezłej zachowalności*
*pomimo umieralności;*

*jakby ona już tam była,*
*moja głowa wszelka, cudza —*

*gdzie, jeżeli coś wspomina,*
*to chyba przyszłość głęboką.*

como se escavassem um cemitério,
cheio de crânios anônimos
de boa conservabilidade
malgrado a mortalidade;

como se ela já estivesse lá,
minha cabeça, alheia, uma qualquer —

onde, caso recorde algo,
será talvez o futuro profundo.

# Pogoń

Wiem, że powita mnie cisza, a jednak.
Nie wrzawa, nie fanfary, nie poklask, a jednak.
Ani dzwony na trwogę, ani sama trwoga.

Nie liczę nawet na listeczek suchy,
cóż mówić o pałacach srebrnych i ogrodach,
czcigodnych starcach, sprawiedliwych prawach,
mądrości w kulach z kryształu, a jednak.

Rozumiem, że nie po to chodzę po księżycu,
żeby szukać pierścionków, pogubionych wstążek.
Oni wszystko zawczasu zabierają z sobą.

Niczego, co by mogło świadczyć, że.
Śmieci, gratów, obierków, szpargałów, okruszyn,
odłamków, wiórków, stłuczków, ochłapów, rupieci.

Ja, naturalnie, schylam się tylko po kamyk,
z którego nie odczytam dokąd się udali.
Nie lubią mi zostawiać znaku.
Są niezrównani w sztuce zacierania śladów.

Od wieków znam ich talent do znikania w porę,
ich boską nieuchwytność za rogi, za ogon,
za rąbek szatki rozdętej w odlocie.
Nigdy im włos nie spadnie z głowy, abym miał.

# Perseguição

Sei que o que me saudará é o silêncio, e contudo.
Não algazarra, fanfarra, aplausos, e contudo.
Nem alarme de perigo, nem o próprio perigo.

Não conto nem mesmo com uma folhinha seca.
O que dizer de palácios prateados e jardins floridos,
velhos veneráveis, leis legítimas,
sabedoria em esferas de cristal? E contudo.

Entendo que não caminho pela lua,
à procura de anéis, fitas perdidas.
Eles de antemão levam tudo consigo.

Nada que pudesse dar testemunho de que.
Lixo, cascas, papéis, sobras, trastes,
pedaços, restos, lascas, cacos, cacarecos.

Eu naturalmente me abaixo só para pegar um seixo
no qual não decifro para onde seguiram.
Não gostam de me deixar sinais.
São inigualáveis na arte de apagar rastros.

Há séculos conheço o talento deles de sumir a tempo,
o divino não se-deixar-prender pelo chifre, pela cauda,
pela bainha da veste inflada ao levantar voo.
Nunca lhes cairá um fio de cabelo para que eu o tenha.

*Wszędzie o myśl chytrzejsi niż ja sam,*
*zawsze o krok przede mną nim dobiegnąć zdążę,*
*wystawiany szyderczo na trudy pierwszeństwa.*

*Nie ma ich, nigdy nie było, a jednak*
*muszę to sobie raz po raz powtarzać,*
*starać się nie być dzieckiem, któremu się zdaje.*

*A to, co mi spod nóg tak nagle uskoczyło,*
*nie uskoczyło daleko, bo przydeptane upadło,*
*i choć wyrywa się jeszcze*
*i wydaje ze siebie przeciągłe milczenie,*
*to cień — nazbyt mój własny, bym czuł się u celu.*

Em todo lugar, de pensamento, mais espertos que eu,
sempre um passo à minha frente antes que eu chegue
sardonicamente exposto ao pesar de ser o primeiro.

Não existem, nunca existiram, e contudo
preciso repetir para mim mesmo a toda hora,
me esforçar para não ser uma criança a quem parece.

E o que me saltou tão de repente de sob os pés
não saltou longe, porque caiu pisoteado,
e embora ainda se desprenda
e emita um silêncio prolongado,
é uma sombra — demasiado minha para que eu me sinta na meta.

# Urodziny

Tyle naraz świata ze wszystkich stron świata:
moreny, mureny i morza i zorze,
i ogień i ogon i orzeł i orzech —
jak ja to ustawię, gdzie ja to położę?
Te chaszcze i paszcze i leszcze i deszcze,
bodziszki, modliszki — gdzie ja to pomieszczę?
Motyle goryle, beryle i trele —
dziękuję, to chyba o wiele za wiele.
Do dzbanka jakiego ten łopian i łopot
i łubin i popłoch i przepych i kłopot?
Gdzie zabrać kolibra, gdzie ukryć to srebro,
co zrobić na serio z tym żubrem i zebrą?
Już taki dwutlenek rzecz ważna i droga,
a tu ośmiornica i jeszcze stonoga!
Domyślam się ceny, choć cena z gwiazd zdarta —
dziękuję, doprawdy nie czuję się warta.
Nie szkoda to dla mnie zachodu i słońca?
Jak ma się w to bawić osoba żyjąca?
Na chwilę tu jestem i tylko na chwilę:
co dalsze przeoczę, a resztę pomylę.
Nie zdążę wszystkiego odróżnić od próżni.
Pogubię te bratki w pośpiechu podróżnym.
Już choćby najmniejszy — szalony wydatek:
fatyga łodygi i listek i płatek
raz jeden w przestrzeni, od nigdy, na oślep,
wzgardliwie dokładny i kruchy wyniośle.

# Aniversário

Tanto mundo de uma vez de todo canto do mundo:
morenas, moreias e mares e palmares
e o fogo e o figo e os flocos e as flores —
para tudo isso, onde arrumar lugares?
Esses mocós, socós, focas e cocos,
bromélias e abelhas — onde coloco?
O pinguim, o delfim, o jasmim e o tuim —
obrigada, isso é mais que demais para mim.
Em que jarra pôr o angico, o agito,
o agapanto, o pânico, a pompa e o conflito?
Para onde levar o colibri, onde esconder a prata,
o que fazer, fala sério, com o bisonte e a barata?
Já basta o dióxido, caro que você não faz ideia,
e ainda tem o polvo e mais a centopeia.
Imagino que seja exorbitante o preço —
não estou à altura, mas de novo agradeço.
Não é demais para mim o nascente e o poente?
Como vai brincar com isso uma criatura vivente?
Estou aqui por um momento, apenas um instante:
não sei do depois e confundo o restante.
A existência da ausência não conseguirei distinguir.
Mal percebo as begônias na pressa de partir.
Mesmo a menor — é uma despesa louca:
a fadiga da haste e da folha não é pouca,
uma só vez, do nunca, às cegas, viva,
desdenhosa e exata e frágil e altiva.

## Allegro ma non troppo

Jesteś piękne — mówię życiu —
bujniej już nie można było,
bardziej żabio i słowiczo,
bardziej mrówczo i nasiennie.

Staram się mu przypodobać,
przypochlebić, patrzeć w oczy.
Zawsze pierwsza mu się kłaniam
z pokornym wyrazem twarzy.

Zabiegam mu drogę z lewej,
zabiegam mu drogę z prawej,
i unoszę się w zachwycie,
i upadam od podziwu.

Jaki polny jest ten konik,
jaka leśna ta jagoda —
nigdy bym nie uwierzyła,
gdybym się nie urodziła!

Nie znajduję — mówię życiu —
z czym mogłabym cię porównać.
Nikt nie zrobił drugiej szyszki
ani lepszej, ani gorszej.

Chwalę hojność, pomysłowość,
zamaszystość i dokładność,

# Allegro ma non troppo

Você é bela, digo à vida —
não poderia ser mais exuberante,
mais sápica e rouxinável,
mais formigável e seminal.

Tento lhe ser agradável,
bajular, olhar nos olhos.
Sou sempre a primeira a saudá-la,
com humilde expressão no rosto.

Corro atrás dela pela esquerda,
corro atrás dela pela direita,
me elevo em encantamento
e desabo de admiração.

Que doméstico é esse grilo,
que silvestre é essa fruta,
jamais teria crido
se não tivesse nascido!

Não encontro — digo à vida —
nada a que possa te comparar.
Ninguém nunca fez outra pinha
nem melhor e nem pior.

Louvo a tua generosidade, engenho,
opulência e exatidão,

*i co jeszcze — i co dalej —*
*czarodziejstwo, czarnoksięstwo.*

*Byle tylko nie urazić,*
*nie rozgniewać, nie rozpętać.*
*Od dobrych stu tysiącleci*
*nadskakuję uśmiechnięta.*

*Szarpię życie za brzeg listka:*
*Przystanęło? dosłyszało?*
*Czy na chwilę, choć raz jeden,*
*dokąd idzie — zapomniało?*

e mais ainda — e mais além —
a magia, a feitiçaria.

Procuro não te ofender,
não irritar, não provocar.
Há bem uns cem mil anos
te adulo sorridente.

Puxo a vida pela borda de uma folha:
ela parou? escutou?
Por um instante, ao menos uma vez,
para onde vai — esqueceu?

# Znieruchomienie

Miss Duncan, tancerka,
jaki tam obłok, zefirek, bachantka,
blask księżyca na fali, kołysanie, tchnienie.

Kiedy tak stoi w atelier fotograficznym,
z ruchu, z muzyki — ciężko, cieleśnie wyjęta,
na pastwę pozy porzucona,
na fałszywe świadectwo.

Grube ramiona wzniesione nad głową,
węzeł kolana spod krótkiej tuniki,
lewa noga do przodu, naga stopa, palce,
5 (słownie pięć) paznokci.

Jeden krok z wiecznej sztuki w sztuczną wieczność —
z trudem przyznaje, że lepszy niż nic
i słuszniejszy niż wcale.

Za parawanem różowy gorset, torebka,
w torebce bilet na statek parowy,
odjazd nazajutrz, czyli sześćdziesiąt lat temu;
już nigdy, ale za to punkt dziewiąta rano.

# Movimento detido

Miss Duncan, a bailarina,
é lá alguma nuvem, brisa, bacante,
luar nas ondas, balanço, suspiro?

Parada assim no ateliê fotográfico,
o peso, o corpo retirado da dança, da música,
jogado à mercê da pose,
a dar falso testemunho.

Os braços grossos erguidos acima da cabeça,
o nó do joelho abaixo da túnica curta,
a perna esquerda para a frente, o pé descalço, os dedos,
5 (por extenso: cinco) unhas.

Um passo da arte eterna para a eternidade artificial —
com relutância admito que é melhor que nada
e mais justo que nenhum.

Atrás do biombo um espartilho rosa, uma bolsa,
na bolsa uma passagem para o vapor,
a partida, amanhã, isto é, sessenta anos atrás;
nunca mais, mas às nove da manhã em ponto.

# Klasyk

Kilka grud ziemi a będzie zapomniane życie.
Muzyka wyswobodzi się z okoliczności.
Ucichnie kaszel mistrza nad menuetami.
I oderwane będą kataplazmy.
Ogień strawi perukę pełną kurzu i wszy.
Znikną plamy inkaustu z koronkowego mankietu.
Pójdą na śmietnik trzewiki, niewygodni świadkowie.
Skrzypce zabierze sobie uczeń najmniej zdolny.
Powyjmowane będą z nut rachunki od rzeźnika.
Do mysich brzuchów trafią listy biednej matki.
Unicestwiona zgaśnie niefortunna miłość.
Oczy przestaną łzawić.
Różowa wstążka przyda się córce sąsiadów.
Czasy, chwalić Boga, nie są jeszcze romantyczne.
Wszystko, co nie jest kwartetem,
będzie jako piąte odrzucone.
Wszystko, co nie jest kwintetem,
będzie jako szóste zdmuchnięte.
Wszystko, co nie jest chórem czterdziestu aniołów,
zmilknie jako psi skowyt i czkawka żandarma.
Zabrany będzie z okna wazon z aloesem,
talerz z trutką na muchy i słoik z pomadą,
i odsłoni się widok — ależ tak! — na ogród,
ogród, którego nigdy tu nie było.
No i teraz słuchajcie, słuchajcie, śmiertelni,
w zdumieniu, pilnie nadstawiajcie ucha,
o pilni, o zdumieni, o zasłuchani śmiertelni,
słuchajcie — słuchający — zamienieni w słuch —

# O clássico

Alguns torrões de terra e a vida será esquecida.
A música se libertará das circunstâncias.
A tosse do maestro se acalmará sobre os minuetos.
E os cataplasmas serão arrancados.
O fogo devorará a peruca cheia de poeira e piolhos.
Desaparecerão as manchas de tinta do punho rendado.
Acabarão no lixo os sapatos, testemunhas incômodas.
O violino ficará para o menos talentoso dos alunos.
As contas do açougue serão removidas dentre as partituras.
As cartas da pobre mãe irão parar na barriga dos ratos.
Aniquilado, o amor desafortunado se extinguirá.
Os olhos deixarão de lacrimejar.
A fita cor-de-rosa servirá para a filha dos vizinhos.
Os tempos, graças a Deus, ainda não são românticos.
Tudo que não é quarteto
como quinto será descartado.
Tudo que não é quinteto
como sexto será varrido.
Tudo que não é um coro de quarenta anjos
silenciará como o uivo dos cães e os espirros do gendarme.
Serão retirados da janela o vaso de babosa,
o prato com veneno para moscas e o pote de pomada,
revelando — oh sim! — a vista do jardim,
jardim que ali nunca existiu.
E agora ouça, ouça, ó mortal
atônito, apure bem o ouvido;
ó absorto, ó atônito, ó atento mortal,
ouça — ouvinte —, seja todo ouvidos —

\*\*\*

*Nicość przenicowała się także i dla mnie.*
*Naprawdę wywróciła się na drugą stronę.*
*Gdzież ja się to znalazłam —*
*od stóp do głowy wśród planet,*
*nawet nie pamiętając, jak mi było nie być.*

*O mój tutaj spotkany, tutaj pokochany,*
*już tylko się domyślam z ręką na twoim ramieniu,*
*ile po tamtej stronie pustki na nas przypada,*
*ile tam ciszy na jednego tu świerszcza,*
*ile tam braku łąki na jeden tu listeczek szczawiu,*
*a słońce po ciemnościach jak odszkodowanie*
*w kropli rosy — za jakie głębokie tam susze!*

*Gwiezdne na chybił trafił! Tutejsze na opak!*
*Rozpięte na krzywiznach, ciężarach, szorstkościach i ruchach!*
*Przerwa w nieskończoności dla bezkresnego nieba!*
*Ulga po nieprzestrzeni w kształcie chwiejnej brzozy!*

*Teraz albo nigdy wiatr porusza chmurą,*
*bo wiatr to właśnie to, co tam nie wieje.*
*I wkracza żuk na ścieżkę w ciemnym garniturze świadka*
*na okoliczność długiego na krótkie życie czekania.*

*A mnie tak się złożyło, że jestem przy tobie.*
*I doprawdy nie widzę w tym nic*
*zwyczajnego.*

\*\*\*

O nada virou do avesso também para mim.
Virou mesmo ao contrário.
Onde foi que me achei —
dos pés à cabeça entre planetas,
sem nem me lembrar de como seria não ser.

Ó meu aqui encontrado, aqui amado,
só posso presumir com a mão no teu ombro,
quanto vazio nos cabe daquele outro lado,
quanto silêncio ali para um grilo aqui,
quanta ausência de campina lá para uma folha de azedinha cá
e o sol depois da escuridão como ressarcimento
numa gota de orvalho — por tão profunda seca ali!

Um acaso cósmico. Um desvio singular.
Distendido nas curvaturas, pesos, asperezas e movimentos!
Intervalo no infinito para o céu ilimitado!
Alívio pelo não espaço na forma de bétula balouçante!

Agora ou nunca o vento move uma nuvem,
porque o vento é precisamente o que lá não sopra.
E um besouro penetra a trilha no terno escuro da testemunha
da circunstância da longa espera de uma vida breve.

Quanto a mim, aconteceu de estar a teu lado.
E realmente não vejo nisso
nada de corriqueiro.

UM GRANDE NÚMERO

# Sen starego żółwia

Śni się żółwiowi listek sałaty,
a koło listka — sam Cesarz, znienacka,
zaistniał żywy jak przed stu iks laty.
Żółw nawet nie wie, jaka to sensacja.

Cesarz zaistniał co prawda nie cały,
w czarnych trzewikach przegląda się słońce,
wyżej dwie łydki, zgrabne dość, w pończochach białych.
Żółw nawet nie wie, że to wstrząsające.

Dwie nogi na przystanku z Austerlitz do Jeny,
a w górze mgła, skąd śmiechu słychać terkot.
Możecie wątpić w prawdziwość tej sceny
i czy cesarski ten trzewik z klamerką.

Trudno osobę poznać po fragmentach:
po stopie prawej albo stopie lewej.
Żółw niezbyt wiele z dzieciństwa pamięta
i kogo wyśnił — nie wie.

Cesarz nie Cesarz. Czy przez to się zmienia
fenomen snu żółwiego? Ktoś, postać nieznana,
potrafił urwać się na chwilkę z zatracenia
i światem się przemyka! Od pięt po kolana.

# O sonho da velha tartaruga

A tartaruga sonha com uma folhinha de alface
e perto dela — como há cem anos e mais um tanto
o Imperador em pessoa apareceu vivace.
A tartaruga nem sabe que isso é um espanto.

É verdade que o Imperador não surgiu por inteiro,
nas botinas pretas se mira o sol brilhante,
mais acima, belas canelas em meias brancas até o joelho.
A tartaruga nem sabe que isso é chocante.

Duas pernas na estação de Austerlitz para Iena,
e no alto um estalar de risos que se ouve na neblina.
Podemos duvidar se é verdadeira essa cena
e se é do Imperador a lustrosa botina.

Difícil reconhecer uma pessoa pelas partes:
pela perna esquerda ou pela perna direita.
Da infância a tartaruga lembra de poucas artes,
e com quem sonhou — nem suspeita.

Imperador ou não. Será que isso altera
o fenômeno do sonho desse animal velho?
Alguém ignoto da perdição se libera
e passa pelo mundo! Do calcanhar ao joelho.

# Eksperyment

Jako dodatek przed właściwym filmem,
w którym aktorzy robili, co mogli,
żeby mnie wzruszyć, a nawet rozśmieszyć,
wyświetlano ciekawy eksperyment
z głową.

Głowa
przed chwilą jeszcze należała do —
teraz była odcięta,
każdy mógł widzieć, że nie ma tułowia.
Z karku zwisały rurki aparatu,
dzięki któremu krew krążyła nadal.
Głowa
dobrze się miała.

Bez oznak bólu czy choćby zdziwienia
wodziła wzrokiem za ruchem latarki.
Strzygła uszami, kiedy rozlegał się dzwonek.
Wilgotnym nosem umiała rozróżnić
zapach słoniny od bezwonnego niebytu
i oblizując się z wyraźnym smakiem
toczyła ślinę na cześć fizjologii.

Wierna psia głowa,
poczciwa psia głowa,
gdy ją głaskano, przymrużała ślepia
z wiarą, że nadal jest częścią całości,

# Experimento

Num curta antes do filme principal
no qual os atores fizeram o possível
para me comover e até me fazer rir,
foi projetado um experimento
com uma cabeça.

A cabeça
um momento antes pertencera a —
mas agora estava cortada,
e qualquer um podia ver que não tinha tronco.
Do pescoço pendiam os tubos de um aparelho
que fazia com que o sangue ainda circulasse.
A cabeça
estava bem.

Sem sinais de dor ou mesmo de surpresa,
seguia com os olhos o movimento de uma lanterna.
Levantava as orelhas ao som de um sino.
Com o nariz úmido sabia distinguir
o cheiro de toicinho de um nada inodoro,
e lambendo os beiços com prazer evidente
salivava em honra da fisiologia.

Uma fiel cabeça canina,
uma boa cabeça canina,
quando afagada, entrecerrava os olhos,
certa de que ainda era parte de um todo

*która ugina pod pieszczotą grzbiet*
*i wymachuje ogonem.*

*Pomyślałam o szczęściu i poczułam strach.*
*Bo gdyby tylko o to w życiu szło,*
*głowa*
*była szczęśliwa.*

que se curvava ao lhe acariciarem as costas
e balançava o rabo.

Pensei na felicidade e senti medo.
Pois se na vida se tratasse apenas disso,
a cabeça
era feliz.

# Miniatura średniowieczna

Po najzieleńszym wzgórzu,
najkonniejszym orszakiem,
w płaszczach najjedwabniejszych.

Do zamku o siedmiu wieżach,
z których każda najwyższa.

Na przedzie xiążę,
najpochlebniej niebrzuchaty,
przy xiążęciu xiężna pani
cudnie młoda, młodziusieńka.

Za nimi kilka dworek
jak malowanie zaiste
i paź najpacholętszy,
a na ramieniu pazia
coś nad wyraz małpiego
z przenajśmieszniejszym pyszczkiem
i ogonkiem.

Zaraz potem trzej rycerze,
a każdy się dwoi, troi,
i jak który z miną gęstą,
prędko inny z miną tęgą,
a jak pod kim rumak gniady,
to najgniadszy moiściewy,

# Miniatura medieval

Pela verdejantíssima colina,
um equestríssimo cortejo,
em mantos sedosíssimos.

Para um castelo de sete torres,
todas altíssimas.

À frente um príncipe
lisonjeiramente não pançudo,
ao lado do príncipe uma princesa
mui jovem, juveníssima.

Atrás deles damas da corte
como verdadeira pintura
e um pajem efebíssimo,
e sobre o ombro do pajem
algo sobremodo simiesco
com um divertidíssimo focinho
e um rabinho.

Seguem-nos três cavaleiros,
e cada um se duplica, triplica,
e se um tem a cara arrogante,
logo o outro a tem insolente,
e se um cavalga um corcel alazão,
é alazaníssimo, não credes?,

*a wszystkie kopytkami jakoby muskając*
*stokrotki najprzydrożniejsze.*

*Kto zasię smutny, strudzony,*
*z dziurą na łokciu i z zezem,*
*tego najwyraźniej brak.*

*Najżadniejszej też kwestii*
*mieszczańskiej czy kmiecej*
*pod najlazurowszym niebem.*

*Szubieniczki nawet tyciej*
*dla najsokolszego oka*
*i nic nie rzuca cienia wątpliwości.*

*Tak sobie przemile jadą*
*w tym realizmie najfeudalniejszym.*

*Onże wszelako dbał o równowagę:*
*piekło dla nich szykował na drugim obrazku.*
*Och, to się rozumiało*
*arcysamo przez się.*

e todos como que tocando c'os casquinhos
as margaridas à beiríssima do caminho.

Quem, entrementes, é triste, fatigado,
tem um furo no cotovelo e é zarolho
ficou claramente de fora.

Também nenhumíssima questão
burguesa ou campesina
sob o céu azulíssimo.

Nem uma forquinha pequenininha
para um olho aquiliníssimo
e nada lança sombra de dúvida.

Assim seguem com graça
nesse realismo feudalíssimo.

Ele, contudo, zelava pelo equilíbrio:
aprontava-lhes o inferno no quadro seguinte.
Ah, isso se entendia
por si mesmíssimo.

# Pustelnia

Myślałaś, że pustelnik mieszka na pustyni,
a on w domku z ogródkiem
w wesołym lasku brzozowym,
10 minut od szosy,
ścieżką oznakowaną.

Nie musisz go podglądać z dala przez lornetkę,
możesz go widzieć, słyszeć całkiem z bliska,
jak cierpliwie wyjaśnia wycieczce z Wieliczki,
dlaczego wybrał surową samotność.

Ma bury habit,
długą siwą brodę,
rumiane liczko
i oczy niebieskie.
Chętnie zastyga na tle krzaka róż
do kolorowej fotografii.

Robi ją właśnie Stanley Kowalik z Chicago.
Po wywołaniu obiecuje przysłać.

Tymczasem małomówna staruszka z Bydgoszczy,
której nikt nie odwiedza oprócz inkasentów,
wpisuje się do księgi pamiątkowej:
Bogu niech będą dzięki,
że pozwolił mi
zobaczyć w życiu prawdziwego pustelnika.

# O eremitério

Você acha que o eremita vive no deserto,
mas ele tem uma casinha com jardim
num alegre bosque de bétulas,
a 10 minutos da rodovia,
com a trilha sinalizada.

Você não tem que espiá-lo de longe com binóculos,
pode vê-lo e ouvi-lo bem de perto
como, paciente, explica para uma excursão de Wieliczka
por que escolheu uma austera solidão.

Usa hábito escuro,
tem longa barba branca,
bochechas vermelhas
e olhos azuis.
De bom grado posa na frente de uma roseira,
para uma foto colorida.

Tira a foto um certo Stanley Kowalik, de Chicago.
Promete que envia depois de revelar.

Enquanto isso uma velhinha calada de Bydgoszcz,
que não recebe ninguém além de cobradores,
escreve no livro de visitas:
Deus seja louvado
por ter-me permitido
ver em vida um verdadeiro eremita.

*Młodzież wpisuje się nożem na drzewach:*
*Spiritualsi 75 Zbiórka na dole.*

*Tylko co z Barim, gdzie się podział Bari.*
*Bari leży pod ławką i udaje wilka.*

Os jovens escrevem com faca nas árvores:
Spirituals 75 — reunião lá embaixo.

Mas cadê o Rex? Por onde anda o Rex?
O Rex está debaixo do banco fingindo ser um lobo.

# Recenzja z nienapisanego wiersza

W pierwszych słowach utworu
autorka stwierdza, że Ziemia jest mała,
niebo natomiast duże do przesady,
a gwiazd, cytuję: „więcej w nim niż trzeba".

W opisie nieba czuć pewną bezradność,
autorka gubi się w strasznym przestworze,
uderza ją martwota wielu planet
i wkrótce w jej umyśle (dodajmy: nieścisłym)
zaczyna rodzić się pytanie,
czy aby jednak nie jesteśmy sami
pod słońcem, pod wszystkimi na świecie słońcami?

Na przekór rachunkowi prawdopodobieństwa!
I powszechnemu dzisiaj przekonaniu!
Wbrew niezbitym dowodom, które lada dzień
mogą wpaść w ludzkie ręce! Ach, poezja.

Tymczasem nasza wieszczka powraca na Ziemię,
planetę, która może „toczy się bez świadków",
jedyną „science fiction, na jaką stać kosmos".
Rozpacz Pascala (1623-1662, przyp. nasz)
wydaje się autorce nie mieć konkurencji
na żadnej Andromedzie ani Kasjopei.
Wyłączność wyolbrzymia i zobowiązuje,
wyłania się więc problem jak żyć et cetera,
albowiem „pustka tego za nas nie rozstrzygnie".

# Resenha de um poema não escrito

Nas primeiras palavras do poema
a autora afirma que a Terra é pequena,
o céu, por sua vez, grande até o exagero
e há nele, cito: "mais estrelas do que o necessário".

Na descrição do céu dá para sentir certa impotência,
a autora se perde na horrível imensidão,
assusta-a a ausência de vida em tantos planetas
e logo na sua mente (acrescentemos: não exata)
começa a surgir uma pergunta,
será que afinal não estamos sós
sob o sol, sob todos os sóis do universo?

A despeito da teoria das probabilidades!
E da convicção hoje universal!
Malgrado as provas irrefutáveis que em breve
podem cair em mãos humanas! Ah, poesia.

Enquanto isso nossa profetisa volta à Terra,
planeta que talvez "gire sem testemunhas",
única "ficção científica que o cosmo pode se permitir".
O desespero de Pascal (1623-1662, nota nossa)
parece à autora não ter rival
em nenhuma Andrômeda ou Cassiopeia.
A exclusividade é destaque e compromisso;
surge então o problema: como viver et cetera,
já que "o vazio não o resolverá para nós".

*„Mój Boże, woła człowiek do Samego Siebie,*
*ulituj się nade mną, oświeć mnie"…*

*Autorkę gnębi myśl o życiu trwonionym tak lekko,*
*jakby go było w zapasie bez dna.*
*O wojnach, które — jej przekornym zdaniem —*
*przegrywane są zawsze po obydwu stronach.*
*O „państwieniu się" (sic!) ludzi nad ludźmi.*
*Przez utwór prześwituje intencja moralna.*
*Pod mniej naiwnym piórem rozbłysłaby może.*

*Niestety, cóż. Ta z gruntu ryzykowna teza*
*(czy aby jednak nie jesteśmy sami*
*pod słońcem, pod wszystkimi na świecie słońcami)*
*i rozwinięcie jej w niefrasobliwym stylu*
*(mieszanina wzniosłości z mową pospolitą)*
*sprawiają, że któż temu wiarę da?*
*Z pewnością nikt. No właśnie.*

"Meu Deus, clama o homem para Si Mesmo,
tem piedade de mim, me ilumina"...

Aflige à autora a ideia da vida desperdiçada à toa
como se dela houvesse uma fonte inesgotável.
E das guerras que — na sua opinião contestadora —
são sempre perdidas pelos dois lados.
E do homem que "autoritormenta" (sic!) o homem.
Na obra transparece uma intenção moral.
Fosse uma escrita menos ingênua talvez brilhasse mais.

Mas enfim. Essa tese em essência arriscada
(de que talvez estejamos mesmo sós
sob o sol, sob todos os sóis do universo)
e seu desenvolvimento num estilo ligeiro
(uma mistura de solenidade e fala comum)
levam à pergunta: quem é que vai acreditar?
Com certeza ninguém. Pois é.

## Ostrzeżenie

Nie bierzcie w kosmos kpiarzy,
dobrze radzę.

Czternaście martwych planet,
kilka komet, dwie gwiazdy,
a już w drodze na trzecią
kpiarze stracą humor.

Kosmos jest, jaki jest,
to znaczy doskonały.
Kpiarze mu tego nigdy nie darują.

Nic ich nie będzie cieszyć:
czas — bo zbyt odwieczny,
piękno — bo nie ma skazy,
powaga — bo nie daje się obrócić w żart.
Wszyscy będą podziwiać,
oni ziewać.

W drodze na czwartą gwiazdę
będzie jeszcze gorzej.
Kwaśne uśmiechy,
zaburzenia snu i równowagi,
głupie rozmowy:
że kruk z serem w dziobie,
że muchy na portrecie Najjaśniejszego Pana

# Advertência

Não levem ao espaço os galhofeiros,
eu aconselho.

Catorze planetas mortos
alguns cometas, duas estrelas,
e já na viagem à terceira
os galhofeiros perdem o humor.

O cosmo é como é,
ou seja, perfeito.
Os galhofeiros não o perdoam por isso.

Nada vai alegrá-los:
o tempo — porque infinito demais,
a beleza — porque sem defeitos,
a gravidade — porque não se presta a piadas.
Todos vão admirar,
eles, bocejar.

Na rota para a quarta estrela
vai ficar ainda pior.
Sorrisos amarelos,
distúrbios do sono e do equilíbrio,
conversas tolas:
lembra do corvo com o queijo no bico,
das moscas no retrato de Sua Majestade

*albo małpa w kąpieli*
*— no tak, to było życie.*

*Ograniczeni.*
*Wolą czwartek od nieskończoności.*
*Prymitywni.*
*Wolą fałszywą nutę od muzyki sfer.*
*Najlepiej czują się w szczelinach między*
*praktyką i teorią,*
*przyczyną i skutkiem,*
*ale tutaj nie Ziemia i wszystko przylega.*

*Na trzydziestej planecie*
*(pod względem pustynności bez zarzutu)*
*odmówią nawet wychodzenia z kabin,*
*a to że głowa, a to że palec ich boli.*

*Taki kłopot i wstyd.*
*Tyle pieniędzy wyrzuconych w kosmos.*

ou do macaco no banho?
— Pois é, isso que era vida!

Limitados.
Preferem a quinta-feira ao infinito.
Primitivos.
Preferem uma nota falsa à música das esferas.
Sentem-se melhor nas fendas entre
a prática e a teoria,
a causa e o efeito,
mas aqui não é a Terra e tudo se encaixa.

No trigésimo planeta
(irrepreensível quanto à desolação)
recusam-se até mesmo a sair das cabines,
é que dói a cabeça, é que dói o dedo.

Que maçada e que vergonha.
Tanto dinheiro que foi para o espaço.

## Cebula

Co innego cebula.
Ona nie ma wnętrzności.
Jest sobą na wskroś cebula
do stopnia cebuliczności.
Cebulasta na zewnątrz,
cebulowa do rdzenia,
mogłaby wejrzeć w siebie
cebula bez przerażenia.

W nas obczyzna i dzikość
ledwie skórą przykryta,
inferno w nas interny,
anatomia gwałtowna,
a w cebuli cebula,
nie pokrętne jelita.
Ona wielekroć naga,
do głębi itympodobna.

Byt niesprzeczny cebula,
udany cebula twór.
W jednej po prostu druga,
w większej mniejsza zawarta,
a w następnej kolejna,
czyli trzecia i czwarta.
Dośrodkowa fuga.
Echo złożone w chór.

# A cebola

Outra coisa é a cebola.
Ela não tem interioridade.
É ela mesma, a cebola,
o cúmulo da cebolidade.
Cebolácea por fora,
cebolesca até o centro,
poderia sem temor
se olhar por dentro.

Em nós exílio e selvageria,
de pele mal e mal revestidos,
um inferno interno,
uma anatomia delirante,
já na cebola — cebola,
não intestinos retorcidos.
Ela muitas vezes nua,
até o fundo e assim por diante.

Um ser coeso a cebola,
criação bem-sucedida,
quando uma camada se descarta,
a menor na maior está contida,
e na seguinte a sucessiva,
ou seja, a terceira e a quarta.
Uma fuga centrípeta.
Um eco que em coro se desenrola.

*Cebula, to ja rozumiem:*
*najnadobniejszy brzuch świata.*
*Sam się aureolami*
*na własną chwałę oplata.*
*W nas — tłuszcze, nerwy, żyły,*
*śluzy i sekretności.*
*I jest nam odmówiony*
*idiotyzm doskonałości.*

É isso a cebola:
do mundo o ventre mais belo.
Para glória própria de auréolas
se enrola como novelo.
Em nós — gordura, nervos, veias,
mucos e secreção.
E a nós é negada
a idiotice da perfeição.

# Pochwała złego o sobie mniemania

Myszołów nie ma sobie nic do zarzucenia.
Skrupuły obce są czarnej panterze.
Nie wątpią o słuszności czynów swych piranie.
Grzechotnik aprobuje siebie bez zastrzeżeń.

Samokrytyczny szakal nie istnieje.
Szarańcza, aligator, trychina i giez
żyją jak żyją i rade są z tego.

Sto kilogramów waży serce orki,
ale pod innym względem lekkie jest.

Nic bardziej zwierzęcego
niż czyste sumienie
na trzeciej planecie Słońca.

# Louvor do mau conceito de si

O gavião não tem nada a reprovar-se.
Os escrúpulos são estranhos à onça-preta.
As piranhas não duvidam da justeza de suas ações.
A cascavel sem reservas se aceita.

Não existe um chacal autocrítico.
O gafanhoto, a triquina e a mosca-do-gado
vivem como vivem, contentes.

O coração da orca pesa cem quilos,
mas sob outro aspecto é delicado.

Nada é mais bestial
do que uma consciência limpa
no terceiro planeta do Sol.

# Nad Styksem

To Styks, duszyczko indywidualna,
Styks, duszyczko zdumiona.
Usłyszysz bas Charona w megafonach,
popchnie cię ku przystani ręka niewidzialna
nimfy, z ziemskiego przepłoszonej lasu
(wszystkie tutaj pracują od pewnego czasu).
W rzęsistych reflektorach ujrzysz każdy szczegół
żelbetonowej cembrowiny brzegu
i setki motorówek zamiast tamtej łódki
ze zbutwiałego przed wiekami drewna.
Ludzkość zwielokrotniła się i to są skutki,
duszyczko moja rzewna.
Z dużą dla krajobrazu szkodą
budynki pospiętrzały się nad wodą.
Bezkolizyjny przewóz dusz
(miliony pasażerów rok po roku)
jest nie do pomyślenia już
bez magazynów, biur i doków.
Hermes, duszyczko malownicza,
przewidzieć musi na parę lat z góry,
jakie gdzie wojny, jakie dyktatury,
a potem łodzie rezerwowe zlicza.
Na drugi brzeg przejedziesz gratis
i tylko przez sentyment do antyku
są tu skarbonki opatrzone w napis:
Uprasza się nie wrzucać nam guzików.
Wsiądziesz w sektorze sigma cztery

# No Estige

Este é o Estige, alminha individual,
o Estige, alminha relutante.
Você vai ouvir a voz de Caronte pelo alto-falante,
vai te empurrar para o cais a mão imaterial
da ninfa expulsa de um bosque terreno
(todas aqui trabalham há algum tempo ao menos).
O fulgor dos holofotes revela cada pormenor
dos muros de concreto da ribeira
e das centenas de barcos a motor em vez da canoa
da qual os séculos apodreceram a madeira.
Esses são os efeitos do excesso de pessoas,
alminha cheia de dor.
Para grande dano à paisagem
foram erigidos prédios sobre a margem.
Um transporte de almas seguro
(ano após ano, com milhões de passageiros)
é inconcebível hoje e no futuro
sem escritórios, lojas e estaleiros.
Hermes, alminha original,
necessita prever com anos de antecipação
onde e quais guerras e ditaduras virão,
e depois calcular a frota adicional.
A passagem para o outro lado é grátis
e só por um apego sentimental ao antigo
se veem cofrinhos com dizeres escritos a lápis:
Favor não jogar botões — é proibido.
Você vai embarcar no tau cinquenta

*do łodzi tau trzydzieści.*
*W zaduchu innych dusz zmieścisz się, zmieścisz,*
*konieczność tego chce i komputery.*
*W Tartarze też ciasnota czeka wielka,*
*bo nie jest on, jak trzeba, rozciągliwy.*
*Spętane ruchy, pogniecione szaty,*
*w kapsułce Lety niecała kropelka.*
*Duszyczko, tylko wątpiąc w zaświaty*
*szersze masz perspektywy.*

no cais sigma quatro, seu setor.
O sufoco das outras almas você aguenta,
a necessidade o requer, e o computador.
Também o Tártaro um aperto promete,
porque não é uma área devidamente expansiva.
Vestes amarrotadas, gestos que se retêm,
numa cápsula menos que uma gota do Lete.
Alminha, só duvidando do mundo do além
você tem uma ampla perspectiva.

GENTE NA PONTE

# Archeologia

No cóż, biedny człowieku,
w mojej dziedzinie dokonał się postęp.
Minęły tysiąclecia,
odkąd nazwałeś mnie archeologią.

Nie są mi już potrzebni
bogowie z kamienia
i ruiny, a na nich napisy wyraźne.

Pokaż mi swoje wszystko jedno co,
a powiem ci, kim byłeś.
Jakieś od czegoś denko
i do czegoś wieczko.
Okruch silnika. Szyjkę kineskopu.
Kawałek kabla. Rozsypane palce.
Może być nawet mniej i jeszcze mniej.

Metodą,
której nie mogłeś znać wtedy,
potrafię budzić pamięć
w nieprzeliczonych żywiołach.
Ślady krwi są na zawsze.
Kłamstwo świeci.
Rozlegają się szyfry dokumentów.
Ujawniają się zwątpienia i zamiary.

# Arqueologia

Pois é, meu pobre homem,
na minha área houve algum progresso.
Milênios se passaram
desde que você me chamou de arqueologia.

Não me são mais necessários
deuses de pedra
e ruínas com suas inscrições legíveis.

Me mostre o seu seja o que for
e eu lhe digo quem você foi.
O fundo de qualquer coisa
e a tampa de uma coisa qualquer.
Parte de um motor. O pescoço de um cinescópio.
Um pedaço de cabo. Uns dedos espalhados.
Pode ser até menos e menos ainda.

Usando um método
que você então não tinha como conhecer
consigo despertar a memória
em incontáveis elementos.
As marcas de sangue ficam para sempre.
A mentira reluz.
Os códigos dos documentos ressoam.
Dúvidas e intenções vêm à tona.

Jeżeli tylko zechcę,
(bo czy zechcę,
nie powinieneś być do końca pewien),
zajrzę do gardła twojemu milczeniu,
jakie miałeś widoki,
wyczytam ci z oczodołu,
przypomnę ci z drobnymi szczegółami,
na co czekałeś w życiu oprócz śmierci.

Pokaż mi swoje nic,
które po tobie zostało,
a złożę z tego las i autostradę,
lotnisko, podłość, czułość
i przepadły dom.

Pokaż mi swój wierszyk,
a powiem ci, czemu
nie powstał ani wcześniej, ani później.

Ach nie, źle mnie rozumiesz.
Zabierz sobie ten śmieszny papier
z literkami.
Mnie wystarczy w tym celu
twoja warstwa ziemi
i od dawna pradawna
zwietrzały swąd spalenizny.

Se eu quiser
(pois você não pode saber com certeza
se vou querer),
vou espiar na garganta do seu silêncio,
as vistas que você tinha
vou ler nas suas órbitas,
vou lhe lembrar com detalhes mínimos
o que você esperava da vida além da morte.

Me mostre o seu nada,
que restou depois de você,
e eu faço dele uma floresta e uma rodovia,
um aeroporto, sordidez, ternura
e um lar perdido.

Me mostre o seu poeminha
e eu lhe digo por que
não foi escrito nem antes, nem depois.

Oh não, você está me entendendo mal.
Leve consigo esse papel ridículo
com suas letrinhas.
Para mim bastam
a sua camada de terra
e o cheiro diluído de queimado
de tempos imemoriais.

# Odzież

Zdejmujesz, zdejmujemy, zdejmujecie
płaszcze, żakiety, marynarki, bluzki
z wełny, bawełny, elanobawełny,
spódnice, spodnie, skarpetki, bieliznę,
kładąc, wieszając, przerzucając przez
oparcia krzeseł, skrzydła parawanów;
na razie, mówi lekarz, to nic poważnego,
proszę się ubrać, odpocząć, wyjechać,
zażywać w razie gdyby, przed snem, po jedzeniu,
pokazać się za kwartał, za rok, za półtora;
widzisz, a ty myślałeś, a myśmy się bali,
a wyście przypuszczali, a on podejrzewał;
czas już wiązać, zapinać drżącymi jeszcze rękami
sznurowadła, zatrzaski, suwaki, klamerki,
paski, guziki, krawaty, kołnierze
i wyciągać z rękawów, z torebek, z kieszeni
wymięty, w kropki, w paski, w kwiatki, w kratkę szalik
o przedłużonej nagle przydatności.

# Roupas

Você tira, nós tiramos, eles tiram
casacos, jaquetas, paletós, blusas
de lã, de algodão, de cotton lycra,
saias, calças, meias, lingerie,
juntando, pendurando, jogando
nos encostos das cadeiras, nos painéis dos biombos;
por ora, diz o médico, não é nada grave,
pode se vestir, descansar, fazer uma viagem,
tome no caso de, antes de dormir, depois de comer,
volte daqui a três meses, um ano, um ano e meio;
veja só, e você pensou, e nós temíamos,
e vocês supuseram, e ele suspeitou;
é hora de atar, fechar com mãos ainda trêmulas
cadarços, velcros, zíperes, fivelas,
cintos, botões, gravatas, colarinhos
e tirar das mangas, bolsas, bolsos
um xale amarrotado de bolinhas, listras, flores, xadrez
de validade de repente prolongada.

# Konszachty z umarłymi

W jakich okolicznościach śnią ci się umarli?
Czy często myślisz o nich przed zaśnięciem?
Kto pojawia się pierwszy?
Czy zawsze ten sam?
Imię? Nazwisko? Cmentarz? Data śmierci?

Na co się powołują?
Na dawną znajomość? Pokrewieństwo? Ojczyznę?
Czy mówią, skąd przychodzą?
I kto za nimi stoi?
I komu oprócz ciebie śnią się jeszcze?

Ich twarze czy podobne do ich fotografii?
Czy postarzały się z upływem lat?
Czerstwe? Mizerne?
Zabici czy zdążyli wylizać się z ran?
Czy pamiętają ciągle, kto ich zabił?

Co mają w rękach — opisz te przedmioty.
Zbutwiałe? Zardzewiałe? Zwęglone? Spróchniałe?
Co mają w oczach? — groźbę? prośbę? Jaką?
Czy tylko o pogodzie z sobą rozmawiacie?
O ptaszkach? Kwiatkach? Motylkach?

Z ich strony żadnych kłopotliwych pytań?
A ty co wtedy odpowiadasz im?

# Conchavos com os mortos

Em que circunstâncias você sonha com os mortos?
Pensa neles com frequência antes de adormecer?
Quem aparece primeiro?
É sempre o mesmo?
Nome? Sobrenome? Cemitério? Data do óbito?

O que liga vocês?
Uma antiga amizade? Parentesco? Pátria?
O que dizem? De onde vêm?
E quem está por trás deles?
E quem além de você sonha com eles?

Seus rostos se parecem com as fotos?
Envelheceram com o passar dos anos?
Estão rijos? Abatidos?
Os assassinados conseguiram sanar as feridas?
Ainda se lembram de quem os matou?

O que têm nas mãos? — descreva esses objetos.
Estão deteriorados? Enferrujados? Carbonizados? Apodrecidos?
O que têm nos olhos — ameaça? súplica? Qual?
Ou vocês só conversam sobre o tempo?
Sobre pássaros? Flores? Borboletas?

Da parte deles nenhuma pergunta embaraçosa?
E você então o que lhes responde?

*Zamiast przezornie milczeć?*
*Wymijająco zmienić temat snu?*
*Zbudzić się w porę?*

Em vez de se calar com cautela?
De modo evasivo mudar o assunto do sonho?
Acordar a tempo?

# Do arki

Zaczyna padać długotrwały deszcz.
Do arki, bo gdzież wy się podziejecie:
wiersze na pojedynczy głos,
prywatne uniesienia,
niekonieczne talenty,
zbędna ciekawości,
smutki i trwogi małego zasięgu,
ochoto oglądania rzeczy z sześciu stron.

Rzeki wzbierają i wychodzą z brzegów.
Do arki: światłocienie i półtony,
kaprysy, ornamenty i szczegóły,
głupie wyjątki,
zapomniane znaki,
nieliczone odmiany koloru szarego,
gro dla gry
i łzo śmiechu.

Jak okiem sięgnąć, woda i horyzont w mgle.
Do arki: plany na odległą przyszłość
radości z różnic,
podziwie dla lepszych,
wyborze nieścieśniony do jednego z dwojga,
przestarzałe skrupuły,
czasie do namysłu
i wiaro, że to wszystko
kiedyś jeszcze się przyda.

# Para a arca

Começa uma chuva prolongada.
Para a arca (pois onde mais vocês vão se abrigar?):
poemas para uma só voz,
êxtases privados,
talentos desnecessários,
curiosidade supérflua,
tristezas e medos de curto alcance,
vontade de olhar as coisas dos seis lados.

Os rios se enchem e saem das margens.
Para a arca: claro-escuros e meios-tons,
caprichos, ornamentos e detalhes,
exceções tolas,
sinais esquecidos,
inumeráveis variações da cor cinza,
o jogo pelo jogo
e a lágrima do riso.

Até onde a vista alcança, água e horizonte na neblina.
Para a arca: planos para o futuro distante,
alegria pelas diferenças,
admiração pelos melhores,
escolha não limitada a um ou outro,
escrúpulos antiquados,
tempo para refletir
e a fé de que tudo isso
ainda vai servir um dia.

*Ze względu na dzieci,*
*którymi nadal jesteśmy,*
*bajki kończą się dobrze.*

*Tu również nie pasuje finał żaden inny.*
*Ustanie deszcz,*
*opadną fale,*
*na przejaśnionym niebie*
*rozsuną się chmury*
*i będą znów*
*jak chmurom nad ludźmi przystało:*
*wzniosłe i niepoważne*
*w swoim podobieństwie*
*do suszących się w słońcu*
*wysp szczęśliwych,*
*baranków,*
*kalafiorów,*
*i pieluszek.*

Em consideração às crianças
que ainda somos,
as fábulas terminam bem.

Aqui também não cabe nenhum outro final.
A chuva vai cessar,
as ondas vão baixar,
as nuvens vão se afastar
no céu que clareou,
e serão de novo,
como devem ser, as nuvens acima dos homens:
elevadas e leves
na sua parecença
a coisas secando ao sol —
ilhas afortunadas,
carneiros,
couves-flores
e fraldas.

FIM E COMEÇO

# Rzeczywistość wymaga

Rzeczywistość wymaga,
żeby i o tym powiedzieć:
życie toczy się dalej.
Robi to pod Kannami i pod Borodino
i na Kosowym Polu i w Guernice.

Jest stacja benzynowa
na małym placu w Jerycho,
są świeżo malowane
pod Białą Górą ławeczki.
Kursują listy
z Pearl Harbor do Hastings,
przejeżdża wóz meblowy
pod okiem lwa z Cheronei,
a do rozkwitłych sadów w pobliżu Verdun
nadciąga tylko front atmosferyczny.

Tak wiele jest Wszystkiego,
że Nic jest całkiem nieźle zasłonięte.
Z jachtów pod Akcjum
dochodzi muzyka
i na pokładach w słońcu pary tańczą.

Tyle ciągle się dzieje,
że musi dziać się wszędzie.
Gdzie kamień na kamieniu,
tam wózek z lodami
oblężony przez dzieci.

# A realidade exige

A realidade exige
que também disso se fale:
a vida continua.
Continua em Canas e em Borodino,
em Kosowo Polje e em Guernica.

Tem um posto de gasolina
numa pracinha de Jericó,
tem bancos recém-pintados
de branco em Bilá Hora.
Cartas são trocadas
entre Pearl Harbor e Hastings,
uma van com mobília
passa sob o olho do leão de Queroneia,
e nos pomares em flor dos arredores de Verdun
a única frente que se aproxima é a frente fria.

Há tanto de Tudo
que o Nada está bem escondido.
Nos iates perto de Áccio
se ouve música
e nos conveses casais dançam sob o sol.

Tanta coisa acontece o tempo todo
que em toda parte tem que acontecer.
Onde pedra sobre pedra,
um carrinho de sorvete
cercado por crianças.

*Gdzie Hiroszima*
*tam znów Hiroszima*
*i wyrób wielu rzeczy*
*do codziennego użytku.*

*Nie bez powabów jest ten straszny świat,*
*nie bez poranków,*
*dla których warto się zbudzić.*

*Na polach Maciejowic*
*trawa jest zielona*
*a w trawie, jak to w trawie,*
*przezroczysta rosa.*

*Może nie ma miejsc innych jak pobojowiska,*
*te jeszcze pamiętane*
*te już zapomniane,*
*lasy brzozowe i lasy cedrowe,*
*śniegi i piaski, tęczujące bagna*
*i jary czarnej klęski,*
*gdzie w nagłej potrzebie*
*kuca się dziś pod krzaczkiem.*

*Jaki stąd płynie morał — chyba żaden.*
*To, co naprawdę płynie, to krew szybko schnąca*
*i zawsze jakieś rzeki, jakieś chmury.*

*Na tragicznych przełęczach*
*wiatr zrywa z głów kapelusze*
*i nie ma na to rady —*
*śmieszy nas ten widok.*

No lugar de Hiroshima,
de novo Hiroshima
produzindo muitas coisas
de uso cotidiano.

Não é desprovido de charme este mundo terrível,
nem de manhãs
pelas quais vale a pena acordar.

Nos campos de Maciejowice
a grama é verde
e na grama, como em toda grama,
o orvalho é translúcido.

Talvez não haja outros campos que não os de batalha,
os ainda lembrados,
os já esquecidos,
bosques de bétulas e bosques de cedros,
neves e areias, pântanos iridescentes
e ravinas de negra derrota
onde hoje, numa necessidade urgente,
alguém se agacha atrás de um arbusto.

Que moral decorre disso? — talvez nenhuma.
O que escorre é sangue, que seca rápido
e o que corre são alguns rios, algumas nuvens.

Nos desfiladeiros trágicos das montanhas
o vento varre os chapéus das cabeças,
e não tem jeito —
a cena nos faz rir.

# Jawa

Jawa nie pierzcha
jak pierzchają sny.
Żaden szmer, żaden dzwonek
nie rozprasza jej,
żaden krzyk ani łoskot
z niej nie zrywa.

Mętne i wieloznaczne
są obrazy w snach,
co daje się tłumaczyć
na dużo różnych sposobów.
Jawa oznacza jawę
a to większa zagadka.

Do snów są klucze.
Jawa otwiera się sama
i nie daje się domknąć.
Sypią się z niej
świadectwa szkolne i gwiazdy,
wypadają motyle
i dusze starych żelazek,
bezgłowe czapki
i czerepy chmur.
Powstaje z tego rebus
nie do rozwiązania.

# A realidade

A realidade não esvanece
como esvanecem os sonhos.
Nenhum murmúrio ou campainha
a dispersa,
nenhum grito ou estrondo
pode interrompê-la.

Vagas e ambíguas
são as imagens nos sonhos,
o que pode ser explicado
de muitas maneiras diferentes.
A realidade significa realidade
e isso é um mistério maior.

Para os sonhos há chaves.
A realidade se abre sozinha
e não se deixa fechar.
Dela se derramam
diplomas e estrelas,
caem borboletas
e as almas de velhos ferros de passar,
gorros sem a cabeça
e perfis de nuvens.
Disso se forma um quebra-cabeça
que não pode ser solucionado.

*Bez nas snów by nie było.*
*Ten, bez którego nie byłoby jawy*
*jest nieznany,*
*a produkt jego bezsenności*
*udziela się każdemu,*
*kto się budzi.*

*To nie sny są szalone,*
*szalona jest jawa,*
*choćby przez upór,*
*z jakim trzyma się*
*biegu wydarzeń.*

*W snach żyje jeszcze*
*nasz niedawno zmarły,*
*cieszy się nawet zdrowiem*
*i odzyskaną młodością.*
*Jawa kładzie przed nami*
*jego martwe ciało.*
*Jawa nie cofa się ani o krok.*

*Zwiewność snów powoduje,*
*że pamięć łatwo otrząsa się z nich.*
*Jawa nie musi bać się zapomnienia.*
*Twarda z niej sztuka.*
*Siedzi nam na karku,*
*ciąży na sercu,*
*wali się pod nogi.*

*Nie ma od niej ucieczki,*
*bo w każdej nam towarzyszy.*

Sem nós não haveria sonho.
Aquele sem quem não haveria realidade
nos é desconhecido,
e o produto de sua insônia
é partilhado com todo aquele
que acorde.

Não são os sonhos que são loucos,
louca é a realidade,
mesmo que só pela teimosia
com que se agarra
ao curso dos acontecimentos.

Nos sonhos ainda vive
o nosso recém-falecido.
Até goza de boa saúde
e recupera a juventude.
A realidade nos apresenta
o corpo dele sem vida.
A realidade não cede um passo.

Os sonhos, efêmeros, permitem
que a memória os descarte facilmente.
A realidade não precisa temer o esquecimento.
É osso duro de roer.
Pesa no peito,
aperta o coração,
não sai do pé.

Dela não há como fugir
porque em toda fuga ela nos acompanha.

*I nie ma takie stacji
na trasie naszej podróży,
gdzie by nas nie czekała.*

E não há estação
na rota da nossa viagem
na qual não esteja à nossa espera.

# Pożegnanie widoku

Nie mam żalu do wiosny,
że znowu nastała.
Nie obwiniam jej o to,
że spełnia jak co roku
swoje obowiązki.

Rozumiem, że mój smutek
nie wstrzyma zieleni.
Źdźbło, jeśli się zawaha,
to tylko na wietrze.

Nie sprawia mi to bólu,
że kępy olch nad wodami
znowu mają czym szumieć.

Przyjmuję do wiadomości,
że — tak jakbyś żył jeszcze —
brzeg pewnego jeziora
pozostał piękny jak był.

Nie mam urazy
do widoku o widok
na olśnioną słońcem zatokę.

Potrafię sobie nawet wyobrazić,
że jacyś nie my

# Despedida a uma paisagem

Não reprovo a primavera
por começar de novo.
Não a culpo pelo fato
de cumprir a cada ano
a sua obrigação.

Entendo que a minha tristeza
não deterá o verde.
Uma folha de relva, se oscila,
é só ao vento.

Não me causa dor saber
que os amieiros sobre as águas
têm de novo com que sussurrar.

Reconheço que
— como se você ainda vivesse —
a margem de certo lago
segue bela como era.

Não tenho rancor
da vista pela vista
da baía resplandecente de sol.

Consigo até imaginar
outros, não nós,

*siedzą w tej chwili*
*na obalonym pniu brzozy.*

*Szanuję ich prawo*
*do szeptu, śmiechu*
*i szczęśliwego milczenia.*

*Zakładam nawet,*
*że łączy ich miłość*
*i że on obejmuje ją*
*żywym ramieniem.*

*Coś nowego ptasiego*
*szeleści w szuwarach.*
*Szczerze im życzę,*
*żeby usłyszeli.*

*Żadnej zmiany nie żądam*
*od przybrzeżnych fal,*
*to zwinnych, to leniwych*
*i nie mnie posłusznych.*

*Niczego nie wymagam*
*od toni pod lasem,*
*raz szmaragdowej,*
*raz szafirowej,*
*raz czarnej.*

*Na jedno się nie godzę.*
*Na swój powrót tam.*

sentados neste instante
no tronco de bétula caído.

Respeito o direito deles
ao sussurro, ao riso
e a um silêncio feliz.

Presumo até
que estejam apaixonados
e que ele a enlace
com um braço vivo.

Algo novo esvoejante
farfalha na folhagem.
Meu desejo sincero
é que eles o ouçam.

Nenhuma mudança exijo
das ondas costeiras,
ora ligeiras ora lânguidas,
e que não obedecem a mim.

Nada reclamo
das águas profundas junto ao bosque,
ora esmeralda,
ora safira,
ora negras.

Só uma coisa não aceito.
A minha volta para lá.

*Przywilej obecności —*
*rezygnuję z niego.*

*Na tyle Cię przeżyłam*
*i tylko na tyle,*
*żeby myśleć z daleka.*

O privilégio da presença —
renuncio a ele.

Sobrevivi a você
só o bastante
para pensar de longe.

# Seans

Przypadek pokazuje swoje sztuczki.
Wydobywa z rękawa kieliszek koniaku,
sadza nad nim Henryka.
Wchodzę do bistro i staję jak wryty.
Henryk to nie kto inny
jak brat męża Agnieszki,
a Agnieszka to krewna
szwagra cioci Zosi.
Zgadało się, że mamy wspólnego pradziadka.

Przestrzeń w palcach przypadku
rozwija się i zwija,
rozszerza i kurczy.
Dopiero co jak obrus,
a już jak chusteczka.
Zgadnij kogo spotkałam,
i to gdzie, w Kanadzie,
i to po ilu latach.
Myślałam, że nie żyje,
A on w mercedesie.
W samolocie do Aten.
Na stadionie w Tokio.

Przypadek obraca w rękach kalejdoskop.
Migocą w nim miliardy kolorowych szkiełek.
I raptem szkiełko Jasia
brzdęk o szkiełko Małgosi.

# Sessão

O acaso revela seus truques.
Tira da manga um cálice de conhaque
e na sua frente assenta o Henryk.
Entro no bistrô e estaco espantado.
O Henryk não é outro senão
o irmão do marido da Agnieszka
e a Agnieszka é parente
do cunhado da tia Zosia.
Descobrimos que temos o mesmo bisavô.

Nas mãos do acaso o espaço
se enrola e desenrola,
se dilata e se contrai.
Há pouco era como uma toalha,
e agora é como um lenço.
Adivinha quem eu encontrei,
e logo onde, no Canadá,
e depois de tantos anos.
Pensei que tivesse morrido
e ele lá, numa Mercedes.
Num avião para Atenas.
Num estádio em Tóquio.

O acaso gira nas mãos um caleidoscópio.
Nele cintilam bilhões de vidrinhos coloridos.
E de repente o vidrinho de um João
tilintou contra o vidrinho de uma Maria.

Wyobraź sobie, w tym samym hotelu.
Twarzą w twarz w windzie.
W sklepie z zabawkami.
Na skrzyżowaniu Szewskiej z Jagiellońską.

Przypadek jest spowity w pelerynę.
Giną w niej i odnajdują się rzeczy.
Natknąłem się niechcący.
Schyliłam się i podniosłam.
Patrzę, a to ta łyżka
z ukradzionej zastawy.
Gdyby nie bransoletka,
nie rozpoznałabym Oli,
a na ten zegar natrafiłem w Płocku.

Przypadek zagląda nam głęboko w oczy.
Głowa zaczyna ciążyć.
Opadają powieki.
Chce nam się śmiać i płakać,
bo to nie do wiary —
z czwartej B na ten okręt,
coś w tym musi być.
Chce nam się wołać,
jaki świat jest mały,
jak łatwo go pochwycić
w otwarte ramiona.
I jeszcze chwilę wypełnia nas radość
rozjaśniająca i złudna.

Imagine, no mesmo hotel.
Frente a frente no elevador.
Numa loja de brinquedos.
Numa esquina em Cracóvia.

O acaso está envolto num manto.
Nele coisas se perdem e se acham.
Topei com ele sem querer.
Me abaixei e peguei.
Olho e é aquela colher
do faqueiro de prata roubado.
Se não fosse a pulseira
não reconheceria a Ola,
e este relógio encontrei em Płock.

O acaso nos olha fundo nos olhos.
A cabeça começa a pesar.
As pálpebras baixam.
Dá vontade de rir e chorar
porque é inacreditável —
da quarta série B a este navio,
alguma coisa aí tem.
Dá vontade de bradar
como o mundo é pequeno,
como é fácil agarrá-lo
nos braços abertos.
E um instante ainda nos enche uma alegria
radiante e ilusória.

# Dnia 16 maja 1973 roku

Jedna z tych wielu dat,
które nie mówią mi już nic.

Dokąd w tym dniu chodziłam,
co robiłam — nie wiem.

Gdyby w pobliżu popełniono zbrodnię
— nie miałabym alibi.

Słońce błysło i zgasło
poza moją uwagą.
Ziemia się obróciła
bez wzmianki w notesie.

Lżej by mi było myśleć,
że umarłam na krótko,
niż że nic nie pamiętam,
choć żyłam bez przerwy.

Nie byłam przecież duchem,
oddychałam, jadłam,
stawiałam kroki,
które było słychać,
a ślady moich palców
musiały zostać na klamkach.

# Dia 16 de maio de 1973

Uma dessas muitas datas
que já não me dizem nada.

Para onde fui nesse dia,
o que fiz — não sei.

Se perto tivessem cometido um crime
— eu não teria nenhum álibi.

O sol brilhou e se apagou
sem que eu me desse conta.
A Terra girou
sem meu registro na agenda.

Seria mais fácil pensar
que estive morta por um momento
do que não me lembrar de nada
embora tenha vivido sem pausa.

Afinal, eu não era um fantasma,
respirava, comia,
dava passos
que podiam ser ouvidos
e as marcas dos meus dedos
devem ter ficado nas maçanetas.

*Odbijałam się w lustrze.*
*Miałam na sobie coś w jakimś kolorze.*
*Na pewno kilku ludzi mnie widziało.*

*Może w tym dniu*
*znalazłam rzecz zgubioną wcześniej.*
*Może zgubiłam znalezioną później.*

*Wypełniały mnie uczucia i wrażenia.*
*Teraz to wszystko*
*jak kropki w nawiasie.*

*Gdzie się zaszyłam,*
*gdzie się pochowałam —*
*to nawet niezła sztuczka*
*tak samej sobie zejść z oczu.*

*Potrząsam pamięcią —*
*może coś w jej gałęziach*
*uśpione od lat*
*poderwie się z furkotem.*

*Nie.*
*Najwyraźniej za dużo wymagam,*
*bo aż jednej sekundy.*

O espelho refletia minha imagem.
Eu vestia algo de certa cor.
Decerto algumas pessoas me avistaram.

Talvez nesse dia
eu tenha encontrado algo antes perdido.
Talvez tenha perdido algo depois encontrado.

Estava tomada de sentimentos e sensações.
Agora tudo isso é como
reticências entre parêntesis.

Onde me enterrei,
onde me escondi —
até que é um bom truque
sumir da própria vista.

Sacudo a memória —
talvez algo em seus ramos
há anos adormecido
se agite esvoaçando.

Não.
Está claro que exijo demais,
pois quero um segundo inteiro.

# Może to wszystko

Może to wszystko
dzieje się w laboratorium?
Pod jedną lampą w dzień
i miliardami w nocy?

Może jesteśmy pokolenia próbne?
Przesypywani z naczynia w naczynie,
potrząsani w retortach,
obserwowani czymś więcej niż okiem,
każdy z osobna
brany na koniec w szczypczyki?

Może inaczej:
żadnych interwencji?
Zmiany zachodzą same
zgodnie z planem?
Igła wykresu rysuje pomału
przewidziane zygzaki?

Może jak dotąd nic w nas ciekawego?
Monitory kontrolne włączane są rzadko?
Tylko gdy wojna i to raczej duża,
niektóre wzloty ponad grudkę Ziemi,
czy pokaźne wędrówki z punktu A do B?

Może przeciwnie:
gustują tam wyłącznie w epizodach?

# Talvez isso tudo

Talvez isso tudo
se passe num laboratório?
Sob uma lâmpada durante o dia
e bilhões à noite?

Talvez sejamos gerações experimentais?
Despejadas de um recipiente para outro,
sacudidas em retortas,
observadas por algo mais que o olho,
cada uma pinçada
separadamente no fim?

Ou talvez seja de outro jeito:
nenhuma intervenção?
As mudanças ocorrem sozinhas
de acordo com o plano?
A agulha do gráfico desenha devagar
os zigue-zagues previstos?

Talvez até agora não despertemos interesse?
Raramente se ligam os monitores de controle?
Só quando há guerra, e das grandes,
alguns sobrevoos acima do torrão da Terra,
ou migrações consideráveis do ponto A ao B?

Ou talvez o oposto:
lá não apreciam senão as miudezas?

*Oto mała dziewczynka na wielkim ekranie*
*przyszywa sobie guzik do rękawa.*

*Czujniki pogwizdują,*
*personel się zbiega.*
*Ach cóż to za istotka*
*z bijącym w środku serduszkiem!*
*Jaka wdzięczna powaga*
*w przewlekaniu nitki!*
*Ktoś woła w uniesieniu:*
*Zawiadomić Szefa,*
*niech przyjdzie i sam popatrzy!*

Eis na tela enorme uma menininha
que prega um botão na manga.

Os sensores assobiam,
os funcionários acorrem.
Oh, vejam essa criaturinha
que tem por dentro um coração batendo!
Vejam que seriedade graciosa
no enfiar da linha!
Alguém grita eufórico:
informem o Chefe,
que ele mesmo venha ver!

## Nic darowane

Nic darowane, wszystko pożyczone.
Tonę w długach po uszy.
Będę zmuszona sobą
zapłacić za siebie,
za życie oddać życie.

Tak to już urządzone,
że serce do zwrotu
i wątroba do zwrotu
i każdy palec z osobna.

Za późno na zerwanie warunków umowy.
Długi będą ściągnięte ze mnie
wraz ze skórą.

Chodzę po świecie
w tłumie innych dłużników.
Na jednych ciąży przymus
spłaty skrzydeł.
Drudzy chcąc nie chcąc
rozliczą się z liści.

Po stronie Winien
wszelka tkanka w nas.
Żadnej rzęski, szypułki
do zachowania na zawsze.

# Nada é dado

Nada é dado, tudo emprestado.
Estou atolada em dívidas até o pescoço.
Serei forçada a pagar por mim
gastando a mim mesma,
dando a vida pela vida.

É coisa já arranjada:
tenho que devolver
o coração e o fígado
e cada dedo em particular.

Tarde demais para quebrar os termos do contrato.
O que devo me será tirado
junto com a minha pele.

Ando pelo mundo
numa multidão de outros devedores.
Alguns suportam o ônus
de pagar pelas asas.
Outros, queiram ou não,
prestarão conta de suas folhas.

Todo tecido em nós
está na coluna Débito.
Nenhum cílio, nenhuma haste
a conservar para sempre.

*Spis jest dokładny*
*i na to wygląda,*
*że mamy zostać z niczym.*

*Nie mogę sobie przypomnieć*
*gdzie, kiedy i po co*
*pozwoliłam otworzyć sobie*
*ten rachunek.*

*Protest przeciwko niemu*
*nazywamy duszą.*
*I to jest to jedyne,*
*czego nie ma w spisie.*

O inventário é minucioso
e tudo indica
que não vamos ficar com nada.

Não consigo lembrar
onde, quando e com que fim
permiti que abrissem
essa conta em meu nome.

O protesto contra ela
chamamos de alma.
Esse é o único item
que não consta do inventário.

# Wersja wydarzeń

Jeżeli pozwolono nam wybierać,
zastanawialiśmy się chyba długo.

Proponowane ciała były niewygodne
i niszczyły się brzydko.

Mierziły nas
sposoby zaspokajania głodu,
odstręczało
bezwolne dziedziczenie cech
i tyrania gruczołów.

Świat, co miał nas otaczać,
był w bezustannym rozpadzie.
Szalały sobie na nim skutki przyczyn.

Z podanych nam do wglądu
poszczególnych losów
odrzuciliśmy większość
ze smutkiem i zgrozą.

Nasuwały się takie na przykład pytania
czy warto rodzić w bólach
martwe dziecko
i po co być żeglarzem,
który nie dopłynie.

# Uma versão dos acontecimentos

Se nos foi permitido escolher,
passamos, talvez, muito tempo refletindo.

Os corpos propostos eram incômodos
e se estragavam feio.

Os modos de saciar a fome
nos desgostavam,
a hereditariedade involuntária dos traços
e a tirania das glândulas
nos repugnavam.

O mundo, que era para nos circundar,
estava em contínua desagregação.
Desencadeavam-se nele os efeitos das causas.

Dos destinos particulares
postos à nossa disposição
rejeitamos a maioria
com tristeza e horror.

Surgiam, por exemplo, perguntas do tipo
vale a pena parir em dores
uma criança morta,
e para que ser um marinheiro
que nunca chegará ao porto?

Godziliśmy się na śmierć,
ale nie w każdej postaci.
Pociągała nas miłość,
dobrze, ale miłość
dotrzymująca obietnic.

Od służby sztuce
odstraszały nas
zarówno chwiejność ocen
jak i nietrwałość arcydzieł.

Każdy chciał mieć ojczyznę bez sąsiadów
i przeżyć życie
w przerwie między wojnami.

Nikt z nas nie chciał brać władzy
ani jej podlegać,
nikt nie chciał być ofiarą
własnych i cudzych złudzeń,
nie było ochotników
do tłumów, pochodów
a już tym bardziej do ginących plemion
— bez czego jednak dzieje
nie mogłyby się w żaden sposób toczyć
przez przewidziane wieki.

Tymczasem spora ilość
zaświeconych gwiazd
zgasła już i wystygła.
Była najwyższa pora na decyzję.

Aceitávamos a morte
mas não em todas as formas.
O amor nos atraía,
é certo, mas só aquele
que cumpre suas promessas.

Desencorajavam-nos
de servir à arte
tanto a instabilidade da crítica
como a efemeridade das obras-primas.

Todos queríamos ter uma pátria sem vizinhos
e passar a vida
na pausa entre as guerras.

Nenhum de nós queria tomar o poder
nem se sujeitar a ele,
ninguém queria ser vítima
das ilusões próprias e alheias,
não havia voluntários
para as turbas, as manifestações
e muito menos para as tribos em extinção
— sem as quais, porém, a história
não poderia de modo algum seguir seu curso
pelos séculos previstos.

Entretanto um grande número
de estrelas acesas
se apagou e esfriou.
Já era mais que hora de tomar uma decisão.

*Przy wielu zastrzeżeniach*
*zjawili się nareszcie kandydaci*
*na niektórych odkrywców i uzdrowicieli,*
*na kilku filozofów bez rozgłosu,*
*na paru bezimiennych ogrodników,*
*sztukmistrzów i muzykantów*
*— choć z braku innych zgłoszeń*
*nawet i te żywoty*
*spełnić by się nie mogły.*

*Należało raz jeszcze*
*całą rzecz przemyśleć.*

*Została nam złożona*
*oferta podróży,*
*z której przecież wrócimy*
*szybko i na pewno.*

*Pobyt poza wiecznością,*
*bądź co bądź jednostajną*
*i nieznającą upływu*
*mógł się już nigdy więcej nie powtórzyć.*

*Opadły nas wątpliwości,*
*czy wiedząc wszystko z góry*
*wiemy naprawdę wszystko.*

*Czy wybór tak przedwczesny*
*jest jakimkolwiek wyborem*
*i czy nie lepiej będzie*
*puścić go w niepamięć,*

Embora com muitas reservas
finalmente apareceram candidatos
a vagas de exploradores e curandeiros,
de alguns filósofos sem fama,
de um ou dois jardineiros, músicos
e mágicos anônimos
— embora por falta de outras candidaturas
nem mesmo essas vidas
poderiam ter se realizado.

Mais uma vez era necessário
repensar toda a coisa.

Foi-nos ofertada
uma viagem
da qual afinal voltaremos
rápido e com certeza.

Uma estadia além da eternidade —
apesar de tudo monótona
e alheia à passagem do tempo —
talvez nunca se repetisse.

As dúvidas nos assaltaram:
saber tudo de antemão
significa mesmo saber tudo?

Uma escolha tão prematura
é mesmo uma escolha?
E não será melhor
deixá-la cair no esquecimento,

a jeżeli wybierać
— to wybierać tam.

Spojrzeliśmy na Ziemię.
Żyli już na niej jacyś ryzykanci.
Słaba roślina
czepiała się skały
z lekkomyślną ufnością,
że nie wyrwie jej wiatr.

Niewielkie zwierzę,
wygrzebywało się z nory
z dziwnym dla nas wysiłkiem i nadzieją.

Wydaliśmy się sobie zbyt ostrożni,
małostkowi i śmieszni.

Wkrótce zaczęło nas zresztą ubywać.
Najniecierpliwsi gdzieś się nam podziali.
Poszli na pierwszy ogień
— tak, to było jasne.
Rozpalali go właśnie
na stromym brzegu rzeczywistej rzeki.

Kilkoro
wyruszało już nawet z powrotem.
ale nie w naszą stronę.
I jakby coś pozyskanego? niosąc?

ou se for escolher
— que seja lá?

Lançamos um olhar à Terra.
Já viviam ali alguns aventureiros.
Uma planta frágil
se agarrava à rocha
com uma confiança frívola
de que o vento não a arrancaria.

Um animalzinho
se arrastava para fora da toca
com esforço e esperança que nos são estranhos.

Achávamo-nos demasiado prudentes
mesquinhos e ridículos.

Pouco depois começamos a diminuir.
Os mais impacientes se perderam em algum lugar.
Passaram pela prova de fogo
— sim, estava claro.
Acenderam-no nesse instante
na encosta íngreme de um rio real.

Alguns deles
até já começavam a voltar
mas não em nossa direção.
E com algo que parecem ter conquistado? Nas mãos?

INSTANTE

# Negatyw

Na niebie burym
chmurka jeszcze bardziej bura
z czarną obwódką słońca.

Na lewo, czyli na prawo,
biała gałąź czereśni z czarnymi kwiatami.

Na twojej ciemnej twarzy jasne cienie.
Zasiadłeś przy stoliku
i położyłeś na nim poszarzałe ręce.

Sprawiasz wrażenie ducha,
który próbuje wywoływać żywych.

(Ponieważ jeszcze zaliczam się do nich,
powinnam mu się zjawić i wystukać:
dobranoc, czyli dzień dobry,
żegnaj, czyli witaj.
I nie skąpić mu pytań na żadną odpowiedź,
jeśli dotyczą życia,
czyli burzy przed ciszą).

# Negativo

No céu cinzento
uma nuvenzinha ainda mais cinza
com a borda negra do sol.

À esquerda, isto é, à direita,
um ramo branco de cerejeira com flores negras.

No seu rosto escuro sombras claras.
Você se sentou à mesinha
e colocou sobre ela as mãos pardacentas.

Parece um espírito
que tenta evocar os vivos.

(Visto que ainda me incluo entre eles,
deveria lhe aparecer e sussurrar:
boa-noite, isto é, bom-dia,
adeus, ou seja, olá.
E não regatear perguntas a nenhuma resposta
desde que digam respeito à vida,
isto é, à tempestade antes da calmaria.)

## Platon, czyli dlaczego

Z przyczyn niejasnych,
w okolicznościach nieznanych
Byt Idealny przestał sobie wystarczać.

Mógł przecież trwać i trwać bez końca,
ociosany z ciemności, wykuty z jasności,
w swoich sennych nad światem ogrodach.

Czemu, u licha, zaczął szukać wrażeń
w złym towarzystwie materii?

Na co mu naśladowcy
niewydarzeni, pechowi,
bez widoków na wieczność?

Mądrość kulawa
z cierniem wbitym w piętę?
Harmonia rozrywana
przez wzburzone wody?
Piękno
z niepowabnymi w środku jelitami
i Dobro
— po co z cieniem,
jeśli go wcześniej nie miało?

Musiał być jakiś powód,
choćby i drobny z pozoru,

# Platão, ou seja, por quê

Por motivos pouco claros,
em circunstâncias desconhecidas
O Ser Ideal deixou de se bastar.

Pois poderia durar e durar ao infinito
talhado da escuridão, forjado da claridade,
nos seus jardins adormecidos sobre o mundo.

Por que diabos começou a buscar sensações
na má companhia da matéria?

De que lhe servem seguidores
fracassados, desafortunados,
sem perspectiva de eternidade?

Uma sabedoria manca
com um espinho cravado no calcanhar?
Uma harmonia rompida
por águas turbulentas?
O Belo
com tripas não graciosas dentro
e o Bem
— por que com uma sombra,
se não a tinha antes?

Devia haver uma razão,
ainda que ínfima na aparência,

*ale tego nie zdradzi nawet Prawda Naga*
*zajęta przetrząsaniem*
*ziemskiej garderoby.*

*W dodatku ci okropni poeci, Platonie,*
*roznoszone podmuchem wióry spod posągów,*
*odpadki wielkiej na wyżynach Ciszy...*

mas isso nem a Verdade Nua e Crua,
vasculhando o guarda-roupa terreno,
vai revelar.

Além disso, esses poetas horrorosos, Platão,
aparas que a brisa espalha de sob as estátuas,
restos do grande Silêncio nas alturas...

# Mała dziewczynka ściąga obrus

Od ponad roku jest się na tym świecie,
a na tym świecie nie wszystko zbadane
i wzięte pod kontrolę.

Teraz w próbach są rzeczy,
które same nie mogą się ruszać.

Trzeba im w tym pomagać,
przesuwać, popychać,
brać z miejsca i przenosić.

Nie każde tego chcą, na przykład szafa,
kredens, nieustępliwe ściany, stół.

Ale już obrus na upartym stole
— jeżeli dobrze chwycony za brzegi —
objawia chęć do jazdy.

A na obrusie szklanki, talerzyki,
dzbanuszek z mlekiem, łyżeczki, miseczka
aż trzęsą się z ochoty.

Bardzo ciekawe,
jaki ruch wybiorą,
kiedy się już zachwieją na krawędzi:
wędrówki po suficie?

# Uma menininha puxa a toalha

Faz mais de um ano que se está neste mundo,
e neste mundo nem tudo foi examinado
e posto sob controle.

Agora são testadas as coisas
que não podem se mexer sozinhas.

É preciso dar uma mãozinha,
deslocar, empurrar,
tirar do lugar, transportar.

Nem todas querem ir; por exemplo, o armário,
a estante, as paredes inflexíveis, a mesa.

Já a toalha nessa mesa teimosa,
— com uma boa pegada pelas bordas —
mostra disposição para a viagem.

Na toalha copos, pratinhos,
tigelinha, bulezinho com leite, colherinhas
até tremem de vontade.

Interessante ver
que movimento vão escolher
quando já balançam na beirada:
uma viagem pelo teto?

*lot dookoła lampy?*
*skok na parapet okna, a stamtąd na drzewo?*

*Pan Newton nie ma jeszcze nic do tego.*
*Niech sobie patrzy z nieba i wymachuje rękami.*

*Ta próba dokonana być musi.*
*I będzie.*

um voo ao redor da lâmpada?
um salto para o parapeito e dali para a árvore?

O sr. Newton ainda não tem nada a ver com isso.
Ele que assista lá do céu e acene com as mãos.

Essa prova tem que ser completada.
E será.

# Ze wspomnień

*Gawędziliśmy sobie,*
*zamilkliśmy nagle.*
*Na taras weszła dziewczyna,*
*ach, piękna,*
*zanadto piękna*
*jak na nasz spokojny tutaj pobyt.*

*Basia zerknęła w popłochu ma męża.*
*Krystyna odruchowo położyła dłoń*
*na dłoni Zbyszka.*
*Ja pomyślałam: zadzwonię do ciebie,*
*jeszcze na razie — powiem — nie przyjeżdżaj,*
*zapowiadają właśnie kilkudniowe deszcze.*

*Tylko Agnieszka, wdowa,*
*powitała piękną uśmiechem.*

# Das lembranças

Estávamos proseando
e nos calamos de repente.
No terraço apareceu uma garota,
ah, linda,
linda demais
para a nossa estada tranquila aqui.

A Barbara lançou um olhar alarmado para o marido.
A Krystyna instintivamente pousou a mão
na mão do Zbyszek.
Eu pensei: vou ligar para você,
vou dizer — não venha por enquanto,
tem previsão de chuva para alguns dias.

Só a Agnieszka, viúva,
cumprimentou a bela com um sorriso.

# Trochę o duszy

Duszę się miewa.
Nikt nie ma jej bez przerwy
i na zawsze.

Dzień za dniem,
rok za rokiem
może bez niej minąć.

Czasem tylko w zachwytach
i lękach dzieciństwa
zagnieżdża się na dłużej.
Czasem tylko w zdziwieniu,
że jesteśmy starzy.

Rzadko nam asystuje
podczas zajęć żmudnych,
jak przesuwanie mebli,
dźwiganie walizek
czy przemierzanie drogi w ciasnych butach.

Przy wypełnianiu ankiet
i siekaniu mięsa
z reguły ma wychodne.

Na tysiąc naszych rozmów
uczestniczy w jednej,
a i to niekoniecznie,
bo woli milczenie.

# Um pouco sobre a alma

Às vezes temos uma alma.
Ninguém a tem o tempo todo
e para sempre.

Dia após dia,
ano após ano
podem se passar sem ela.

Às vezes ela só se aninha
por mais tempo
nos enlevos e medos da infância.
Às vezes só no espanto
de estarmos velhos.

Raramente nos assiste
em tarefas maçantes
como mover armários,
carregar malas
ou percorrer uma distância com o sapato apertado.

Quando é para preencher formulários
ou picar carne,
costuma tirar folga.

De mil conversas nossas
participa de uma,
e mesmo assim nem sempre,
pois prefere o silêncio.

*Kiedy ciało zaczyna nas boleć i boleć,*
*cichcem schodzi z dyżuru.*

*Jest wybredna:*
*niechętnie widzi nas w tłumie,*
*mierzi ją nasza walka o byle przewagę*
*i terkot interesów.*

*Radość i smutek*
*to nie są dla niej dwa różne uczucia.*
*Tylko w ich połączeniu*
*jest przy nas obecna.*

*Możemy na nią liczyć,*
*kiedy niczego nie jesteśmy pewni,*
*a wszystkiego ciekawi.*

*Z przedmiotów materialnych*
*lubi zegary z wahadłem*
*i lustra, które pracują gorliwie,*
*nawet gdy nikt nie patrzy.*

*Nie mówi skąd przybywa*
*i kiedy znowu nam zniknie,*
*ale wyraźnie czeka na takie pytania.*

*Wygląda na to,*
*że tak jak ona nam,*
*również i my*
*jesteśmy jej na coś potrzebni.*

Quando nosso corpo começa a doer e doer,
sai de fininho do seu plantão.

É difícil de contentar:
não lhe agrada nos ver na multidão,
nem nossa luta por uma vantagem qualquer,
nem o matraquear dos negócios.

A alegria e a tristeza
para ela não são dois sentimentos diversos.
Somente quando estão unidos
se faz presente entre nós.

Podemos contar com ela
quando não temos certeza de nada
e temos curiosidade de tudo.

Dos objetos materiais,
gosta dos relógios com pêndulo
e dos espelhos, que trabalham com zelo
mesmo quando ninguém está olhando.

Não revela de onde vem
nem quando vai sumir de novo,
mas está claro que espera tais perguntas.

Parece que,
assim como ela nos é necessária,
também nós
para algo lhe somos necessários.

# Wczesna godzina

*Śpię jeszcze,*
*a tymczasem następują fakty.*
*Bieleje okno,*
*szarzeją ciemności,*
*wydobywa się pokój z niejasnej przestrzeni,*
*szukają w nim oparcia chwiejne, blade smugi.*

*Kolejno, bez pośpiechu,*
*bo to ceremonia,*
*dnieją płaszczyzny sufitu i ścian,*
*oddzielają się kształty,*
*jeden od drugiego,*
*strona lewa od prawej.*

*Świtają odległości między przedmiotami,*
*ćwierkają pierwsze błyski*
*na szklance, na klamce.*
*Już się nie tylko zdaje, ale całkiem jest*
*to, co zostało wczoraj przesunięte,*
*co spadło na podłogę,*
*co mieści się w ramach.*
*Jeszcze tylko szczegóły*
*nie weszły w pole widzenia.*

*Ale uwaga, uwaga, uwaga,*
*dużo wskazuje na to, że powracają kolory*

# Hora matutina

Ainda estou dormindo
e entretanto os fatos se sucedem.
A janela branqueia,
as trevas empalidecem,
o quarto emerge do espaço indistinto,
nele procuram apoio faixas de luz pálidas, vacilantes.

Um depois do outro, sem pressa,
pois é uma cerimônia,
os planos do teto e das paredes alvorecem,
as formas se separam
uma da outra,
o lado esquerdo do direito.

Amanhecem as distâncias entre os objetos,
chilreiam os primeiros raios
na taça, na maçaneta.
Agora não só parece, mas surge por inteiro
o que foi movido ontem,
o que caiu no chão,
o que cabe nas molduras.
Apenas os detalhes
ainda não entraram no campo visual.

Mas atenção, atenção, atenção,
tudo indica que as cores estão voltando

*i nawet rzecz najmniejsza odzyska swój własny,*
*razem z odcieniem cienia.*

*Zbyt rzadko mnie to dziwi, a powinno.*
*Budzę się zwykle w roli spóźnionego świadka,*
*kiedy cud już odbyty,*
*dzień ustanowiony*
*i zaranność mistrzowsko zmieniona w poranność.*

e até o menor objeto se colore de novo,
junto com um sombreado de sombra.

Isso me espanta menos vezes do que deveria.
Costumo acordar no papel de uma testemunha atrasada,
com o milagre já realizado,
o dia instaurado,
e a madrugada magistralmente transformada em manhã.

# Przyczynek do statystyki

Na stu ludzi

wiedzących wszystko lepiej
— pięćdziesięciu dwóch;

niepewnych każdego kroku
— prawie cała reszta;

gotowych pomóc,
o ile nie potrwa to długo
— aż czterdziestu dziewięciu;

dobrych zawsze,
bo nie potrafią inaczej
— czterech, no może pięciu;

skłonnych do podziwu bez zawiści
— osiemnastu;

żyjących w stałej trwodze
przed kimś albo czymś
— siedemdziesięciu siedmiu;

uzdolnionych do szczęścia
— dwudziestu kilku najwyżej;

# Um contributo à estatística

De cada cem indivíduos

os que sabem tudo melhor
— cinquenta e dois;

inseguros de cada passo
— quase todo o resto;

prontos para ajudar
desde que não demore muito
— até quarenta e nove;

sempre bons,
porque não sabem ser de outro jeito
— quatro, bem, talvez cinco;

dispostos a admirar sem inveja
— dezoito;

vivendo em constante medo
de alguém ou de algo
— setenta e sete;

com aptidão para a felicidade
— vinte e poucos no máximo;

niegroźnych pojedynczo,
dziczejących w tłumie
— ponad połowa na pewno;

okrutnych,
kiedy zmuszą ich okoliczności
— tego lepiej nie wiedzieć
nawet w przybliżeniu;

mądrych po szkodzie
— niewielu więcej
niż mądrych przed szkodą;

niczego nie biorących z życia oprócz rzeczy
— czterdziestu,
chociaż chciałabym się mylić;

skulonych, obolałych
i bez latarki w ciemności
— osiemdziesięciu trzech
prędzej czy później;

godnych współczucia
— dziewięćdziesięciu dziewięciu;

śmiertelnych
— stu na stu.
Liczba, która jak dotąd nie ulega zmianie.

inofensivos individualmente,
ferozes na multidão
— por certo mais que a metade;

cruéis
quando as circunstâncias exigem
— melhor não saber
nem por aproximação;

gatos escaldados
— não muitos mais
do que os não escaldados;

os que não levam nada da vida além de coisas
— quarenta,
embora eu quisesse estar enganada;

encolhidos, doloridos
e sem lanterna na escuridão
— oitenta e três,
mais cedo ou mais tarde;

dignos de compaixão
— noventa e nove;

mortais
— cem de cem.
Número que até aqui segue inalterado.

# Bal

Dopóki nie wiadomo jeszcze nic pewnego,
bo brak sygnałów, które by dobiegły,

dopóki Ziemia wciąż jeszcze nie taka
jak do tej pory bliższe i dalsze planety,

dopóki ani widu ani słychu
o innych trawach zaszczycanych wiatrem,
o innych drzewach ukoronowanych,
innych zwierzętach udowodnionych jak nasze,

dopóki nie ma echa, oprócz tubylczego,
które by potrafiło mówić sylabami,

dopóki żadnych nowin
o lepszych albo gorszych gdzieś mozartach,
platonach czy edisonach,

dopóki nasze zbrodnie
rywalizować mogą tylko między sobą,

dopóki nasza dobroć
na razie do niczyjej jeszcze niepodobna
i wyjątkowa nawet w niedoskonałości,

dopóki nasze głowy pełne złudzeń
uchodzą za jedyne głowy pełne złudzeń,

# O baile

Enquanto ainda não se sabe nada ao certo
por faltarem sinais que cheguem até nós,

enquanto a Terra permanece diversa
dos planetas mais próximos e mais distantes,

enquanto não se tem notícia
de outros gramados agraciados pelo vento,
de outras árvores copadas,
de outros animais comprovados como os nossos,

enquanto não há eco, além do nativo,
que seja capaz de falar em sílabas,

enquanto não há novas
de outros mozartes melhores ou piores,
de platões ou edisons em outros lugares,

enquanto os nossos crimes
só concorrem entre si,

enquanto a nossa bondade
até aqui não semelhante a nenhuma
e singular até na imperfeição,

enquanto as nossas cabeças repletas de ilusões
se passam pelas únicas cabeças repletas de ilusões;

*dopóki tylko z naszych jak dotąd podniebień*
*wzbijają się wniebogłosy —*

*czujmy się gośćmi w tutejszej remizie*
*osobliwymi i wyróżnionymi,*
*tańczmy do taktu miejscowej kapeli*
*i niech się nam wydaje,*
*że to bal nad bale.*

*Nie wiem jak komu —*
*mnie to zupełnie wystarcza*
*do szczęścia i do nieszczęścia:*

*niepozorny zaścianek,*
*gdzie gwiazdy mówią dobranoc*
*i mrugają w jego stronę*
*nieznacząco.*

enquanto apenas de nossos palatos
se elevam as vozes ao alto dos céus —

sintamo-nos convidados especiais e distintos
do arrasta-pé na praça da matriz,
dancemos ao ritmo da banda local
e façamos de conta
que esse é o baile dos bailes.

Não sei quanto aos outros —
mas para eu ser feliz e infeliz
basta apenas:

este cafundó acanhado
onde as estrelas cochilam de tédio
e piscam na sua direção
sem querer.

# Spis

Sporządziłam spis pytań,
na które nie doczekam się już odpowiedzi,
bo albo za wcześnie na nie,
albo nie zdołam ich pojąć.

Spis pytań jest długi,
porusza sprawy ważne i mniej ważne,
a że nie chcę was nudzić,
wyjawię tylko niektóre:

Co było rzeczywiste,
a co się ledwie zdawało
na tej widowni
gwiezdnej i podgwiezdnej,
gdzie prócz wejściówki
obowiązuje wyjściówka;

Co z całym światem żywym,
którego nie zdążę
z innym żywym porównać;

O czym będą pisały
nazajutrz gazety;

Kiedy ustaną wojny
i co je zastąpi;

# Lista

Fiz uma lista de perguntas
para as quais não espero mais respostas,
seja porque são prematuras,
seja porque não vou compreendê-las.

A lista de perguntas é longa,
aborda questões mais e menos importantes,
mas, para não entediá-los,
revelo só algumas:

O que era real
e o que apenas parecia ser
nesta plateia
estelar e subestelar,
na qual além do bilhete de entrada
é obrigatório o bilhete de saída;

E todo esse mundo vivo,
que não vou ter tempo
de comparar com nenhum outro;

O que vão escrever
os jornais amanhã;

Quando cessarão as guerras
e o que entrará no seu lugar;

Na czyim teraz palcu
serdeczny pierścionek
skradziony mi — zgubiony;

Gdzie miejsce wolnej woli,
która potrafi być i nie być
równocześnie;

Co z dziesiątkami ludzi —
czy myśmy naprawdę się znali;

Co próbowała mi powiedzieć M.,
kiedy już mówić nie mogła;

Dlaczego rzeczy złe
brałam za dobre
i czego mi potrzeba,
żeby się więcej nie mylić?

Pewne pytania
notowałam chwilę przed zaśnięciem.
Po przebudzeniu
już ich nie mogłam odczytać.

Czasami podejrzewam,
że to szyfr właściwy.
Ale to też pytanie,
które mnie kiedyś opuści.

No dedo de quem
está agora o anel
roubado de mim — perdido;

Onde o lugar do livre-arbítrio
que consegue ao mesmo tempo
ser e não ser;

E aquelas dezenas de pessoas —
será que de fato nos conhecíamos;

O que a M. tentava me dizer
quando já não podia falar;

Porque considerei boas
as coisas ruins
e o que devo fazer
para não me enganar mais?

Algumas perguntas
anotei pouco antes de adormecer.
Ao acordar
já não consegui decifrá-las.

Às vezes suspeito
que é um código próprio.
Mas essa também é uma pergunta
que me abandonará um dia.

# Wszystko

Wszystko —
słowo bezczelne i nadęte pychą.
Powinno być pisane w cudzysłowie.
Udaje, że niczego nie pomija,
że skupia, obejmuje, zwiera i ma.
A tymczasem jest tylko
strzępkiem zawieruchy.

# Tudo

Tudo —
palavra insolente e cheia de presunção
Devia ser escrita entre aspas.
Finge que não omite nada,
que agrega, abrange, contém e tem.
E entretanto é somente
um farrapo de tormenta.

DOIS-PONTOS

# Wypadek drogowy

Jeszcze nie wiedzą,
co pół godziny temu
stało się tam, na szosie.

Na ich zegarkach
pora taka sobie,
popołudniowa, czwartkowa, wrześniowa.

Ktoś odcedza makaron.
Ktoś grabi liście w ogródku.
Dzieci z piskiem biegają dookoła stołu.
Komuś kot z łaski swojej pozwala się głaskać.
Ktoś płacze —
jak to zwykle przed telewizorem,
kiedy niedobry Diego zdradza Juanitę.
Słychać pukanie —
to nic, to sąsiadka z pożyczoną patelnią.
W głębi mieszkania dzwonek telefonu —
na razie tylko w sprawie ogłoszenia.

Gdyby ktoś stanął w oknie
i popatrzył w niebo,
mógłby ujrzeć już chmury
przywiane znad miejsca wypadku.
Wprawdzie porozrywane i porozrzucane,
ale to u nich na porządku dziennym.

# Acidente na rodovia

Ainda não sabem
o que aconteceu
meia hora atrás na rodovia.

Nos seus relógios
uma hora comum
de uma tarde, de uma quinta-feira, de setembro.

Alguém escorre o macarrão.
Alguém varre as folhas do quintal.
As crianças correm ao redor da mesa dando gritinhos.
Alguém afaga um gato, que condescende em ser acariciado.
Alguém chora —
como de costume em frente à TV
quando o malvado Diego trai a Juanita.
Batem à porta —
nada, é só a vizinha devolvendo a frigideira.
Nos fundos do apartamento toca o telefone —
por ora é só alguém respondendo a um anúncio.

Se alguém ficasse à janela
e olhasse o céu,
já poderia ver as nuvens
vindas do local do acidente.
Nuvens rasgadas e espalhadas,
mas para elas é um dia como outro qualquer.

# Nazajutrz — bez nas

Poranek spodziewany jest chłodny i mglisty.
Od zachodu
zaczną przemieszczać się deszczowe chmury.
Widoczność będzie słaba.
Szosy śliskie.

Stopniowo, w ciągu dnia,
pod wpływem klina wyżowego od północy
możliwe już lokalne przejaśnienia.
Jednak przy wietrze silnym i zmiennym w porywach
mogą wystąpić burze.

W nocy
rozpogodzenie prawie w całym kraju,
tylko na południowym wschodzie
niewykluczone opady.
Temperatura znacznie się obniży,
za to ciśnienie wzrośnie.

Kolejny dzień
zapowiada się słonecznie,
choć tym, co ciągle żyją
przyda się jeszcze parasol.

# O amanhã — sem nós

Está prevista uma manhã fria e nevoenta.
Do oeste
chegam nuvens carregadas.
Haverá pouca visibilidade.
As estradas vão ficar escorregadias.

Aos poucos, ao longo do dia,
sob efeito da alta pressão vinda do norte
é possível que clareie em alguns locais.
Mas com ventos fortes e de intensidade variada
podem ocorrer tempestades.

À noite
o tempo melhora em quase todo o país;
só no sudeste
podem ocorrer precipitações.
A temperatura vai cair bastante,
já a pressão vai subir.

O dia seguinte
deve ser ensolarado,
porém para os que continuam vivos
ainda será útil um guarda-chuva.

# Perspektywa

Minęli się jak obcy,
bez gestu i słowa,
ona w drodze do sklepu,
on do samochodu.

Może w popłochu
albo roztargnieniu,
albo niepamiętaniu,
że przez krótki czas
kochali się na zawsze.

Nie ma zresztą gwarancji,
że to byli oni.
Może z daleka tak,
a z bliska wcale.

Zobaczyłam ich z okna,
a kto patrzy z góry,
ten najłatwiej się myli.

Ona zniknęła za szklanymi drzwiami,
on siadł za kierownicą
i szybko odjechał.
Czyli nic się nie stało
nawet jeśli stało.

# Perspectiva

Cruzaram-se como estranhos,
sem um gesto, uma palavra,
ela indo em direção à loja,
ele para o carro.

Talvez por pânico
ou por distração,
ou por deslembrança
de que por um breve tempo
amaram-se para sempre.

Não há garantia, aliás,
de que fossem eles.
Talvez de longe sim,
mas de perto de jeito nenhum.

Eu os avistei da janela,
e quem olha do alto
é quem mais facilmente se engana.

Ela sumiu atrás de uma porta de vidro
ele sentou-se ao volante
e partiu depressa.
Portanto, nada aconteceu
mesmo que tenha acontecido.

*A ja, tylko przez moment*
*pewna, co widziałam,*
*próbuję teraz w przygodnym wierszyku*
*wmawiać Wam, Czytelnikom,*
*że to było smutne.*

E eu, só por um instante
certa do que vi,
procuro agora num poeminha casual
persuadi-los, caros leitores,
de que isso foi triste.

# Monolog psa zaplątanego w dzieje

Są psy i psy. Ja byłem psem wybranym.
Miałem dobre papiery i w żyłach krew wilczą.
Mieszkałem na wyżynie, wdychając wonie widoków
na łąki w słońcu, na świerki po deszczu
i grudy ziemi spod śniegu.

Miałem porządny dom i ludzi na usługi.
Byłem żywiony, myty, szczotkowany,
wyprowadzany na piękne spacery.
Jednak z szacunkiem, bez poufałości.
Każdy dobrze pamiętał, czyim jestem psem.

Byle parszywy kundel potrafi mieć pana.
Ale uwaga — wara od porównań.
Mój pan był panem jedynym w swoim rodzaju.
Miał okazałe stado chodzące za nim krok w krok
i zapatrzone w niego z lękliwym podziwem.

Dla mnie były uśmieszki
z kiepsko skrywaną zazdrością.
Bo tylko ja miałem prawo
witać go w lotnych podskokach,
tylko ja żegnać — zębami ciągnąć za spodnie.
Tylko mnie wolno było
z głową na jego kolanach
dostępować głaskania i tarmoszenia za uszy.

# Monólogo de um cachorro enredado na história

Há cachorros e cachorros. Eu era um cachorro eleito.
Tinha boa linhagem e sangue de lobo nas veias.
Morava num planalto, inalava os aromas avistando
os campos ao sol, os abetos depois da chuva
e os torrões de terra sob a neve.

Tinha uma casa decente e gente a meu dispor
Era alimentado, lavado, escovado,
levado para belos passeios.
Mas com respeito, sem familiaridade.
Todos sabiam bem a quem eu pertencia.

Qualquer vira-lata ordinário pode ter um dono.
Mas atenção — não se meta a comparar.
Meu dono era o único de sua espécie.
Tinha uma matilha que seguia cada passo seu
e olhava para ele com admiração receosa.

Para mim havia sorrisinhos
de mal disfarçada inveja.
Porque só eu tinha direito
a saudá-lo com saltos velozes,
e me despedir dele — puxando sua calça com os dentes.
Só eu tinha permissão de,
com a cabeça em seu colo,
receber carícias nas costas e orelhas.

Tylko ja mogłem udawać przy nim, że śpię,
a wtedy on się schylał i szeptał coś do mnie.

Na innych gniewał się często i głośno.
Warczał na nich, ujadał
biegał od ściany do ściany.
Myślę, że lubił tylko mnie
i więcej nigdy, nikogo.

Miałem też obowiązki: czekanie, ufanie.
Bo zjawiał się na krótko i na długo znikał.
Co go zatrzymywało tam, w dolinach, nie wiem.
Odgadywałem jednak, że to pilne sprawy,
co najmniej takie pilne
jak dla mnie walka z kotami
i wszystkim, co się niepotrzebnie rusza.

Jest los i los. Mój raptem się odmienił.
Nastała któraś wiosna,
a jego przy mnie nie było.
Rozpętała się w domu dziwna bieganina.
Skrzynie, walizki, kufry wpychano na samochody.
Koła z piskiem zjeżdżały w dół
i milkły za zakrętem.

Na tarasie płonęły jakieś graty, szmaty,
żółte bluzy, opaski z czarnymi znakami
i dużo, bardzo dużo przedartych kartonów,
z których powypadały chorągiewki.

Só eu, na sua presença, podia fingir que dormia
e então ele se inclinava e sussurrava algo para mim.

Com os outros se zangava sempre e alto.
Rosnava para eles, ladrava,
corria de uma parede a outra.
Acho que gostava só de mim
e de mais ninguém, nunca.

Eu também tinha meus deveres: esperar, confiar.
Porque ele aparecia pouco e sumia por longo tempo.
O que o prendia naqueles vales, eu não sei.
Intuía no entanto que era coisa séria
pelo menos tão séria
quanto era para mim lutar com os gatos
e com tudo o que se move sem necessidade.

Há sortes e sortes. A minha mudou de repente.
Chegou uma primavera
e ele não estava junto de mim.
Na casa começou um estranho corre-corre.
Caixas, malas, baús enfiados no carro.
As rodas desciam chiando
e silenciavam depois da curva.

No terraço queimavam cacarecos, trapos,
blusas amarelas, faixas com sinais pretos
e muitas, muitas caixas de papelão rasgadas
das quais caíam bandeirinhas.

Snułem się w tym zamęcie
bardziej zdumiony niż zły.
Czułem na sierści niemiłe spojrzenia.
Jakbym był psem bezpańskim,
natrętnym przybłędą,
którego już od schodów przepędza się miotłą.

Ktoś zerwał mi obrożę nabijaną srebrem.
Ktoś kopnął moją miskę od kilku dni pustą.
A potem ktoś ostatni, zanim ruszył w drogę,
wychylił sie z szoferki
i strzelił do mnie dwa razy.

Nawet nie umiał trafić, gdzie należy,
bo umierałem jeszcze długo i boleśnie
w brzęku rozzuchwalonych much.
Ja, pies mojego pana.

Eu vagava naquela confusão
mais pasmado do que zangado.
Sentia no pelo olhares desagradáveis
como se eu fosse um cão sem dono,
um vadio importuno
que já da escada se enxota com a vassoura.

Alguém arrancou minha coleira tacheada de prata.
Alguém chutou a minha vasilha sem nada havia dias.
E depois o último, antes de pegar a estrada,
se inclinou para fora do carro
e atirou em mim duas vezes.

Nem sequer soube acertar onde devia
porque minha agonia foi longa e dolorosa
no zumbido de moscas atrevidas.
Eu, cachorro do meu dono.

# Wywiad z Atropos

Pani Atropos?

*Zgadza się, to ja.*

Z trzech córek Konieczności
ma Pani w świecie opinię najgorszą.

*Gruba przesada, moja ty poetko.*
*Kloto przędzie nić życia,*
*ale ta nić jest wątła,*
*nietrudno ją przeciąć.*
*Lachezis prętem wyznacza jej długość.*
*To nie są niewiniątka.*

A jednak w rękach Pani są nożyce.

*Skoro są, to robię z nich użytek.*

Widzę, że nawet teraz, kiedy rozmawiamy...

*Jestem pracoholiczką, taką mam naturę.*

Czy nie czuje się Pani zmęczona, znudzona,
senna przynajmniej nocą? Nie, naprawdę nie?
Bez urlopów, weekendów, świętowania świąt,
czy choćby małych przerw na papierosa?

# Entrevista com Átropos

*Senhora Átropos?*

Sim, sou eu.

*Das três filhas da Necessidade*
*a senhora tem no mundo a pior reputação.*

Exagero grosseiro, minha poetinha.
Cloto tece o fio da vida,
mas esse fio é tênue,
não é difícil cortá-lo.
Láquesis marca a sua extensão com uma vara.
Elas não são inocentinhas.

*Entretanto, é a senhora que tem a tesoura na mão.*

Já que a tenho, faço uso dela.

*Vejo que mesmo agora, enquanto conversamos...*

Sou viciada em trabalho, é minha natureza.

*A senhora não se sente cansada, enfadada,*
*sonolenta, ao menos à noite? Não, não mesmo?*
*Sem férias, fins de semana, feriados,*
*sem nem sequer uma pequena pausa para fumar?*

*Byłyby zaległości, a tego nie lubię.*

Niepojęta gorliwość.
I znikąd dowodów uznania,
nagród, wyróżnień, pucharów, orderów?
Bodaj dyplomów oprawionych w ramki?

*Jak u fryzjera? Dziękuję uprzejmie.*

Czy ktoś Pani pomaga, jeśli tak to kto?

*Niezły paradoks — właśnie wy, śmiertelni.*
*Dyktatorzy przeróżni, fanatycy liczni.*
*Choć nie ja ich popędzam.*
*Sami się garną do dzieła.*

Pewnie i wojny muszą Panią cieszyć,
bo duża z nich wyręka.

*Cieszyć? Nie znam takiego uczucia.*
*I nie ja do nich wzywam,*
*nie ja kieruję ich biegiem.*
*Ale przyznaję: głównie dzięki nim*
*mogę być na bieżąco.*

Nie szkoda Pani nitek przeciętych zbyt krótko?

*Bardziej krótko, mniej krótko —*
*to tylko dla was różnica.*

A gdyby ktoś silniejszy chciał pozbyć się Pani

Haveria atrasos e não gosto disso.

*Um zelo inconcebível.*
*E sem nenhum reconhecimento,*
*sem prêmios, distinções, taças, medalhas?*
*Diplomas emoldurados, pelo menos?*

Como no cabeleireiro? Muito obrigada.

*Alguém a ajuda? Se sim, quem?*

Um paradoxo nada mau — justamente vocês, mortais.
Vários ditadores, numerosos fanáticos.
Embora não seja eu a apressá-los.
Eles mesmos se atiram à obra.

*Por certo também as guerras devem alegrá-la,*
*pois fazem o trabalho pela senhora.*

Alegrar-me? Desconheço esse sentimento.
E não sou eu quem as incentiva,
não sou eu quem guia o seu curso.
Mas admito: é sobretudo graças a elas
que posso estar em dia.

*Não tem pena dos fios cortados ainda muito curtos?*

Mais curto, menos curto —
só para vocês faz diferença.

*E se alguém mais forte quisesse se livrar da senhora*

i spróbował odesłać na emeryturę?

*Nie zrozumiałam. Wyrażaj się jaśniej.*

Spytam inaczej: ma Pani Zwierzchnika?

*... Proszę o jakieś następne pytanie.*

Nie mam już innych.

*W takim razie, żegnam.*
*A ściślej rzecz ujmując...*

Wiem, wiem. Do widzenia.

*e a forçasse a se aposentar?*

Não entendi. Seja mais clara.

*Pergunto de outro modo: a senhora tem um Superior?*

... Passemos à próxima pergunta.

*Não tenho mais perguntas.*

Nesse caso, adeus.
Ou, para ser mais exata...

*Já sei. Já sei. Até qualquer dia.*

# Okropny sen poety

Wyobraź sobie, co mi się przyśniło.
Z pozoru wszystko zupełnie jak u nas.
Grunt pod stopami, woda, ogień, powietrze,
pion, poziom, trójkąt, koło,
strona lewa i prawa.
Pogody znośne, krajobrazy niezłe
i sporo istot obdarzonych mową.
Jednak ich mowa inna niż na Ziemi.

W zdaniach panuje tryb bezwarunkowy.
Nazwy do rzeczy przylegają ściśle.
Nic dodać, ująć, zmienić i przemieścić.

Czas zawsze taki, jaki na zegarze.
Przeszły i przyszły mają zakres wąski.
Dla wspomnień pojedyncza miniona sekunda,
dla przewidywań druga,
która się właśnie zaczyna.

Słów ile trzeba. Nigdy o jedno za dużo,
a to oznacza, że nie ma poezji
i nie ma filozofii, i nie ma religii.
Tego typu swawole nie wchodzą tam w grę.

Niczego, co by dało się tylko pomyśleć
albo zobaczyć zamkniętymi oczami.

# O sonho horrível do poeta

Imagine só o que eu sonhei.
Tudo parecia exatamente como aqui.
Terra sob os pés, água, fogo, ar,
vertical, horizontal, triângulo, círculo,
lado esquerdo e direito.
Um tempo tolerável, paisagens razoáveis,
e muitos seres dotados de fala.
Mas a fala deles não é igual à da Terra.

Nas frases predomina o modo incondicional.
Os nomes aderem com exatidão às coisas.
Nada a acrescentar, tirar, mudar ou mover.

O tempo é sempre como o do relógio.
Passado e futuro têm uma extensão limitada.
Para as lembranças, um único segundo transcorrido,
para as previsões, um outro segundo,
que começa justo agora.

Palavras, só as necessárias. Nunca nenhuma a mais,
e isso significa que não há poesia
e não há filosofia e não há religião.
Esse tipo de brincadeira lá não tem vez.

Nada que se pudesse apenas pensar
ou ver com os olhos fechados.

Jeśli szukać, to tego, co wyraźnie obok.
Jeśli pytać, to o to, na co jest odpowiedź.

Bardzo by się zdziwili,
gdyby umieli się dziwić,
że istnieją gdzieś jakieś powody zdziwienia.

Hasło „niepokój", uznane przez nich za sprośne,
nie miałoby odwagi znaleźć się w słowniku.

Świat przedstawia się jasno
nawet w głębokiej ciemności.
Udziela się każdemu po dostępnej cenie.
Przed odejściem od kasy nikt nie żąda reszty.

Z uczuć — zadowolenie. I żadnych nawiasów.
Życie z kropką u nogi. I warkot galaktyk.

Przyznaj, że nic gorszego
nie może się zdarzyć poecie.
A potem nic lepszego,
jak prędko się zbudzić.

Se procurar, que seja o que está bem ao lado.
Se perguntar, que seja o que pode ter uma resposta.

Estranhariam muito,
se soubessem estranhar,
que em algum lugar existem motivos para estranheza.

O verbete "inquietude", que eles consideram obsceno,
não ousaria aparecer no dicionário.

O mundo se apresenta de modo claro
mesmo na escuridão profunda.
Oferece-se a cada um por um preço acessível.
Antes de sair do caixa, ninguém exige o troco.

Dos sentimentos — a satisfação. E nenhum parêntesis.
A vida com um ponto no pé. E o ronco das galáxias.

Admita que nada pior
pode suceder a um poeta.
E depois, nada melhor
do que acordar depressa.

# Labirynt

— *a teraz kilka kroków*
*od ściany do ściany,*
*tymi schodkami w górę,*
*czy tamtymi w dół,*
*a potem trochę w lewo,*
*jeżeli nie w prawo,*
*od muru w głębi muru*
*do siódmego progu,*
*skądkolwiek, dokądkolwiek*
*aż do skrzyżowania,*
*gdzie się zbiegają,*
*żeby się rozbiegnąć*
*twoje nadzieje, pomyłki, porażki,*
*próby, zamiary i nowe nadzieje.*

*Droga za drogą,*
*ale bez odwrotu.*
*Dostępne tylko to,*
*co masz przed sobą,*
*a tam, jak na pociechę,*
*zakręt za zakrętem,*
*zdumienie za zdumieniem,*
*za widokiem widok.*
*Możesz wybierać*
*gdzie być albo nie być,*
*przeskoczyć, zboczyć*
*byle nie przeoczyć.*

# Labirinto

— e agora alguns passos
da parede à parede,
por estes degraus acima,
ou por aqueles abaixo,
e depois um pouco à esquerda,
se não à direita,
do muro ao fundo do muro
até a sétima soleira,
de onde for para onde for
até a encruzilhada
onde se encontram
para se dispersar
tuas esperanças, falhas, derrotas,
tentativas, intenções e novas esperanças.

Um caminho após outro,
mas sem volta.
Acessível só
o que você tem adiante,
e lá, como consolo,
uma curva após outra,
um espanto após outro,
e uma vista após a vista.
Você pode escolher
onde estar ou não estar
saltar, se desviar,
só precisa alcançar.

*Więc tędy albo tędy,*
*chyba że tamtędy,*
*na wyczucie, przeczucie,*
*na rozum, na przełaj,*
*na chybił trafił,*
*na splątane skróty.*
*Przez któreś z rzędu rzędy*
*korytarzy, bram,*
*prędko, bo w czasie*
*niewiele masz czasu,*
*z miejsca na miejsce*
*do wielu jeszcze otwartych,*
*gdzie ciemność i rozterka*
*ale prześwit, zachwyt,*
*gdzie radość, choć nieradość*
*nieomal opodal,*
*a gdzie indziej, gdzieniegdzie,*
*ówdzie i gdzie bądź*
*szczęście w nieszczęściu*
*jak w nawiasie nawias,*
*i zgoda na to wszystko*
*i raptem urwisko,*
*urwisko, ale mostek,*
*mostek, ale chwiejny,*
*chwiejny, ale jedyny,*
*bo drugiego nie ma.*

*Gdzieś stąd musi być wyjście,*
*to więcej niż pewne.*
*Ale nie ty go szukasz,*
*to ono cię szuka,*

Então, por aqui ou por ali,
ou talvez por lá,
por instinto, intuição,
por cima, pela razão,
por onde der,
por atalhos intrincados.
Por corredores, por portões
seguidos, seguir
rápido, porque no tempo
você não tem muito tempo,
de lugar a lugar
até muitos ainda abertos,
onde há treva e incerteza
mas também lume e deslumbre,
onde há alegria, mas a desalegria
logo ao lado,
e alhures, aqui e ali,
acolá e onde for
há felicidade na infelicidade
como parêntesis num parêntesis,
e a aceitação de tudo isso,
e de repente um precipício,
um precipício, mas uma ponte,
uma ponte, mas balouçante,
balouçante, mas única
porque outra não há.

Deve haver uma saída daqui,
isso é mais que certo.
Mas não é você quem a procura,
é ela que te procura,

*to ono od początku*
*w pogoni za tobą,*
*a ten labirynt*
*to nic innego jak tylko,*
*jak tylko twoja, dopóki się da,*
*twoja, dopóki twoja,*
*ucieczka, ucieczka —*

é ela que desde o começo
vai no teu encalço,
e este labirinto
não é nada mais que,
que a tua, enquanto dá,
a tua, enquanto tua,
fuga, fuga —

# Grecki posąg

Z pomocą ludzi i innych żywiołów
nieźle się przy nim napracował czas.
Najpierw pozbawił nosa, później genitaliów,
kolejno palców u rąk i u stóp,
z biegiem lat ramion, jednego po drugim,
uda prawego i uda lewego,
pleców i bioder, głowy i pośladków,
a to, co już odpadło, rozbijał na części,
na gruz, na żwir, na piasek.

Kiedy w ten sposób umiera ktoś żywy,
wypływa dużo krwi za każdym ciosem.

Posągi marmurowe giną jednak biało
i nie zawsze do końca.

Z tego, o którym mowa, zachował się tors
i jest jak wstrzymywany przy wysiłku oddech,
ponieważ musi teraz
przyciągać
do siebie
cały wdzięk i powagę
utraconej reszty.

I to mu się udaje,
to mu się jeszcze udaje,

# Estátua grega

Com a ajuda dos humanos e de outros elementos
o tempo trabalhou duro nela.
Primeiro lhe subtraiu o nariz, depois a genitália,
em seguida os dedos das mãos e dos pés,
com o passar dos anos, os braços, um depois o outro,
a coxa direita e a coxa esquerda,
as costas e os quadris, a cabeça e as nádegas,
e o que se desprendeu, reduziu a pedaços,
a entulho, a cascalho, a areia.

Quando alguém vivo morre desse modo
escorre muito sangue a cada golpe.

As estátuas de mármore, porém, morrem brancas
e nem sempre de todo.

Dessa em questão se conservou o torso
e é como uma respiração presa a custo
porque agora ele precisa
atrair
para si
toda a graça e seriedade
do resto que se perdeu.

E isso ele consegue,
isso ainda consegue,

*udaje i olśniewa,*
*olśniewa i trwa —*

*Czas także tu zasłużył na pochwalną wzmiankę,*
*bo ustał w pracy*
*i coś odłożył na potem.*

consegue e deslumbra,
deslumbra e dura —

O tempo aqui também merece uma menção de louvor,
pois cessou o trabalho
e adiou algo para depois.

# Właściwie każdy wiersz

Właściwie każdy wiersz
mógłby mieć tytuł „Chwila".

Wystarczy jedna fraza
w czasie teraźniejszym,
przeszłym a nawet przyszłym;

wystarczy, że cokolwiek
niesione słowami
zaszeleści, zabłyśnie,
przefrunie, przepłynie,
czy też zachowa
rzekomą niezmienność,
ale z ruchomym cieniem;

wystarczy, że jest mowa
o kimś obok kogoś
albo kimś obok czegoś;

o Ali, co ma kota,
albo już go nie ma;

albo o innych Alach
kotach i nie kotach
z innych elementarzy
kartkowanych przez wiatr;

# Na verdade, todo poema

Na verdade, todo poema
poderia ser intitulado "Instante".

Basta uma frase
no tempo presente,
passado ou mesmo futuro;

basta que qualquer coisa
levada nas palavras
farfalhe, fulgure,
voe, flutue,
ou talvez mantenha
uma suposta imutabilidade,
mas com uma sombra movente;

basta que se fale
de alguém junto a alguém
ou de alguém junto a algo;

da Eva que viu a uva,
mas que já não vê mais;

ou de outras Evas,
de uvas e não uvas
em outras cartilhas
folheadas pelo vento;

wystarczy, jeśli w zasięgu spojrzenia
autor umieści tymczasowe góry
i nietrwałe doliny;

jeśli przy tej okazji
napomknie o niebie
tylko z pozoru wiecznym i statecznym;

jeśli się zjawi pod piszącą ręką
bodaj jedyna rzecz
nazwana rzeczą czyjąś;

jeśli czarno na białym,
czy choćby w domyśle,
z ważnego albo błahego powodu,
postawione zostaną znaki pytania,
a w odpowiedzi —
jeżeli dwukropek:

basta que ao alcance do olhar
o autor coloque montanhas provisórias
e vales efêmeros;

se nessa ocasião
ele mencionar um céu
que só pareça eterno e estável;

se surgir sob a mão que escreve
uma única coisa que seja
chamada de coisa de alguém;

se preto no branco,
ou ao menos por conjectura,
por motivo importante ou fútil,
sejam colocados pontos de interrogação,
e na resposta —
se dois-pontos:

AQUI

# Otwornice

No cóż, na przykład takie otwornice.
Żyły tutaj, bo były, a były, bo żyły.
Jak mogły, skoro mogły i jak potrafiły.
W liczbie mnogiej, bo mnogiej,
choć każda z osobna,
we własnej, bo we własnej
wapiennej skorupce.
Warstwami, bo warstwami
czas je potem streszczał,
nie wdając się w szczegóły,
bo w szczegółach litość.
I oto mam przed sobą
dwa widoki w jednym:
żałosne cmentarzysko
wiecznych odpoczywań
czyli
zachwycające, wyłonione z morza,
lazurowego morza białe skały,
skały, które tu są, ponieważ są.

# Foraminíferos

Veja, por exemplo, os tais foraminíferos.
Viviam aqui porque eram, e eram porque viviam.
Como podiam, já que podiam, e como conseguiam.
No plural porque plural,
embora cada um separado,
na sua, porque na sua
concha de calcário.
Em estratos, porque em estratos
o tempo depois os resumiu,
sem entrar em detalhes,
porque nos detalhes a compaixão.
E eis que tenho à frente
duas vistas em uma:
mísero cemitério
de repousos eternos
ou seja
emergidas do mar, do mar azul,
encantadoras rochas brancas
rochas que estão aqui porque estão.

# Przed podróżą

Mówi się o niej: przestrzeń.
Łatwo określać ją jednym słowem,
dużo trudniej wieloma.

Pusta i pełna zarazem wszystkiego?
Szczelnie zamknięta, mimo że otwarta,
skoro nic
wymknąć się z niej nie może?
Rozdęta do bezkresu?
Bo jeśli ma kres,
z czym, u licha, graniczy?

No dobrze, dobrze. Ale teraz zaśnij.
Jest noc, a jutro masz pilniejsze sprawy,
w sam raz na twoją określoną miarę:
dotykanie przedmiotów położonych blisko,
rzucanie spojrzeń na zamierzoną odległość,
słuchanie głosów dostępnych dla ucha.
No i jeszcze ta podróż z punktu A do B.
Start 12.40 czasu miejscowego,
i przelot nad kłębkami tutejszych obłoków
pasemkiem nieba nikłym,
nieskończenie którymś.

# Antes da viagem

Dele se diz: espaço.
É fácil defini-lo com uma única palavra,
bem mais difícil com muitas.

Vazio e repleto de tudo ao mesmo tempo?
Hermeticamente fechado, embora aberto,
já que nada
dele pode escapar?
Dilatado ao infinito?
Pois, se tem um fim,
com que diabos se limita?

Tá bom. Tá bom. Mas agora dorme.
É noite e amanhã te esperam coisas mais urgentes,
perfeitas para tua específica medida:
tocar os objetos que estão por perto,
lançar o olhar a uma distância determinada,
escutar as vozes ao alcance do ouvido.
Bem, e ainda essa viagem do ponto A ao B.
A partida às 12h40, hora local,
e o voo sobre novelos de nuvens nativas
por uma tênue faixa de céu,
infinitamente uma qualquer.

# Portret z pamięci

Wszystko na pozór się zgadza.
Kształt głowy, rysy twarzy, wzrost, sylwetka.
Jednak nie jest podobny.
Może nie w takiej pozie?
W innym kolorycie?
Może bardziej z profilu,
jakby się za czymś oglądał?
Gdyby coś trzymał w rękach?
Książkę własną? Cudzą?
Mapę? Lornetkę? Kołowrotek wędki?
I niechby co innego miał na sobie?
Wrześniowy mundur? Obozowy pasiak?
Wiatrówkę z tamtej szafy?
Albo — jak w drodze do drugiego brzegu —
po kostki, po kolana, po pas, po szyję
już zanurzony? Nagi?
I gdyby domalować mu tu jakieś tło?
Na przykład łąkę jeszcze nie skoszoną?
Szuwary? Brzozy? Piękne chmurne niebo?
Może brakuje kogoś obok niego?
Z kim spierał się? Żartował?
Grał w karty? Popijał?
Ktoś z rodziny? Przyjaciół?
Kilka kobiet? Jedna?
Może stojący w oknie?
Wychodzący z bramy?
Z psem przybłędą u nogi?

# Retrato de memória

Na aparência tudo se encaixa.
O formato da cabeça, as feições, a altura, o talhe.
No entanto não é parecido.
Talvez não nessa pose?
Com outro colorido?
Talvez mais de perfil,
como se olhasse por cima do ombro?
E se segurasse algo nas mãos?
Um livro seu? De outrem?
Um mapa? Um binóculo? Uma vara de pesca?
E se vestisse algo diferente?
Farda da campanha de 39? Uniforme listrado?
A jaqueta daquele armário?
Ou — como no caminho para a outra margem —
até o tornozelo, o joelho, a cintura, o pescoço,
já imerso? Nu?
E que tal pintar algo atrás dele?
Por exemplo uma campina ainda não ceifada?
Juncos? Bétulas? Um belo céu nubloso?
Talvez falte alguém a seu lado?
Com quem discutia? Brincava?
Jogava cartas? Bebia?
Alguém da família? Um amigo?
Algumas mulheres? Uma?
Talvez de pé junto a uma janela?
Saindo de um portão?
Com um cachorro vadio aos pés?

*W solidarnym tłumie?*
*Nie, nie, to na nic.*
*Powinien być sam,*
*jak niektórym przystało.*
*I chyba nie tak poufale, z bliska?*
*Dalej? I jeszcze dalej?*
*W najzupełniejszej już głębi obrazu?*
*Skąd, gdyby nawet wołał,*
*nie doszedłby głos?*
*A co na pierwszym planie?*
*Ach, cokolwiek.*
*I tylko pod warunkiem, że będzie to ptak*
*przelatujący właśnie.*

Numa multidão solidária?
Não, não, nada disso.
Deve estar sozinho,
como cabe a alguns.
E talvez não tão íntimo, tão de perto?
Mais longe? Mais longe ainda?
Até o mais fundo do quadro?
De onde, mesmo que gritasse,
a voz não chegaria?
Mas o que em primeiro plano?
Ah, qualquer coisa.
Desde que seja um pássaro
que passa voando.

# Sny

Wbrew wiedzy i naukom geologów,
kpiąc sobie z ich magnesów, wykresów i map —
sen w ułamku sekundy
piętrzy przed nami góry tak bardzo kamienne,
jakby stały na jawie.

A skoro góry, to i doliny, równiny
z pełną infrastrukturą.
Bez inżynierów, majstrów, robotników,
bez koparek, spycharek, dostawy budulca —
gwałtowne autostrady, nagłe mosty,
natychmiastowe miasta zaludnione gęsto.

Bez reżyserów z tubą i operatorów —
tłumy dobrze wiedzące, kiedy nas przerazić
i w jakiej chwili zniknąć.

Bez biegłych w swoim fachu architektów,
bez cieśli, bez murarzy, betoniarzy —
na ścieżce raptem domek jak zabawka,
a w nim ogromne sale z echem naszych kroków
i ściany wykonane z twardego powietrza.

Nie tylko rozmach ale i dokładność —
poszczególny zegarek, całkowita mucha,
na stole obrus haftowany w kwiaty,
nadgryzione jabłuszko ze śladami zębów.

# Sonhos

Malgrado a ciência e os conhecimentos dos geólogos,
e fazendo pouco de seus ímãs, gráficos e mapas —
o sonho, numa fração de segundo,
eleva à nossa frente montanhas tão rochosas
quanto as da vida real.

E se montanhas, também vales, planícies,
com infraestrutura completa.
Sem engenheiros, mestres, pedreiros,
sem escavadeiras, empilhadeiras, materiais de construção —
rodovias repentinas, pontes súbitas,
cidades instantâneas densamente povoadas.

Sem diretores com megafones e cinegrafistas —
turbas sabendo bem quando nos assustar
e em que momento sumir.

Sem arquitetos hábeis no seu ofício,
sem carpinteiros, pedreiros, serventes —
na trilha de repente uma casinha como um brinquedo,
e nela salas imensas com o eco de nossos passos
e paredes construídas de ar sólido.

Não só as proporções, mas também a precisão —
um relógio específico, uma mosca completa,
na mesa uma toalha bordada de flores,
uma maçã mordida com a marca dos dentes.

A my — czego nie mogą cyrkowi sztukmistrze,
magowie, cudotwórcy i hipnotyzerzy —
nieupierzeni potrafimy fruwać,
w czarnych tunelach świecimy sobie oczami,
rozmawiamy ze swadą w nieznanym języku
i to nie z byle kim, bo z umarłymi.

A na dodatek, wbrew własnej wolności,
wyborom serca i upodobaniom,
zatracamy się
w miłosnym pożądaniu do —
zanim zadzwoni budzik.

Co na to wszystko autorzy senników,
badacze onirycznych symboli i wróżb,
lekarze z kozetkami do psychoanaliz —
jeśli coś im się zgadza,
to tylko przypadkiem
i z tej tylko przyczyny,
że w naszych śnieniach,
w ich cieniach i lśnieniach,
w ich zatrzęsieniach, niedoprzewidzeniach,
w ich odniechceniach i rozprzestrzenieniach
czasem nawet uchwytny sens
trafić się może.

E nós — o que não conseguem os acrobatas de circo,
os magos, os taumaturgos e os hipnotizadores —
podemos voar sem plumas,
em túneis escuros soltamos chispas dos olhos,
falamos com verve numa língua desconhecida
e não com qualquer um, mas com os mortos.

E, de quebra, a despeito da nossa liberdade,
das escolhas do coração e das preferências,
nos perdemos
em desejos amorosos pelo —
antes que soe o despertador.

E o que dizem os autores de livros dos sonhos,
os estudiosos de profecias e símbolos oníricos,
os doutores com divãs para psicanálise —
se acertam em algo,
é só por acaso,
e pela única razão
de que nos nossos sonhos e visões,
nas suas multiplicidades e imprevisões,
nas suas sem-vontades e propagações
nas suas obscuridades e cintilações,
às vezes um sentido até apreensível
pode acontecer.

CHEGA

# Ktoś, kogo obserwuję od pewnego czasu

Nie przybywa gromadnie.
Nie zbiera się tłumnie.
Nie uczęszcza masowo.
Nie obchodzi hucznie.

Nie wydobywa z siebie
głosu chóralnego.
Nie oświadcza wszem wobec.
Nie stwierdza w imieniu.
Nie w jego obecności
to rozpytywanie —
kto jest za, a kto przeciw,
dziękuję, nie widzę.

Brakuje jego głowy,
gdzie głowa przy głowie,
gdzie krok w krok, ramię w ramię
i naprzód do celu
z ulotkami w kieszeniach
i produktem z chmielu.

Gdzie tylko na początku
sielsko i anielsko,
bo wkrótce jedna rzesza
z drugą się pomiesza
i nie będzie wiadomo,
czyje są, ach, czyje

# Alguém que venho observando há algum tempo

Não chega em bando.
Não se reúne em multidões.
Não frequenta em massa.
Não celebra com rojões.

Não tira de si
uma voz em coro.
Não declara aos quatro ventos.
Não atesta em nome de.
Não é na sua presença
essa perguntação —
quem é a favor, quem contra,
obrigado, pois não.

Falta a sua cabeça
onde cabeça com cabeça
onde passo a passo, ombro a ombro
e em frente para a meta
com folhetos nos bolsos
e com o produto do malte.

Onde só no começo
bucólico e angélico,
pois logo uma turba
se conturba
e não se vai saber
de quem, ah, de quem são

te kamienie i kwiaty,
wiwaty i kije.

Niewzmiankowany.
Niespektakularny.
Jest zatrudniony w Oczyszczalni Miasta.
O bladym świcie,
z miejsca, gdzie się działo,
zgarnia, wynosi, do przyczepy wrzuca,
co hakami przybite do półżywych drzew,
co rozdeptane w umęczonej trawie.

Podarte transparenty,
rozbite butelki,
spalone kukły,
obgryzione kości,
różańce, gwizdki i prezerwatywy.

Raz znalazł w krzakach klatkę po gołębiach.
Zabrał ją sobie
i po to ją ma,
żeby została pusta.

essas pedras e flores,
cores e paus.

Desapercebido.
Desimportante.
Trabalha na Limpeza Urbana.
Ao raiar do dia,
no lugar onde aconteceu,
ele junta, carrega, joga na carretinha,
o que foi pregado nas árvores semivivas
o que foi pisoteado na grama estropiada.

Faixas rasgadas,
garrafas quebradas.
Efígies queimadas,
ossos roídos,
terços, apitos e camisinhas.

Uma vez achou nas moitas uma gaiola de pombo.
Levou-a consigo
e a guarda
para que permaneça vazia.

# Wyznania maszyny czytającej

Ja, Numer Trzy Plus Cztery Dzielone Przez Siedem,
słynę z rozległej lingwistycznej wiedzy.
Zdążyłem już rozpoznać tysiące języków,
jakimi w swoich dziejach
posługiwali się wymarli ludzie.

Wszystko, co zapisali swoimi znakami,
mimo że przywalone warstwami katastrof,
wydobywam, odtwarzam
w pierwotnej postaci.

To nie przechwałki —
czytam nawet lawę
i kartkuję popioły.

Objaśniam na ekranie
każdą wzmiankowaną rzecz,
kiedy ją wykonano,
i z czego, i po co.

A już zupełnie z własnego rozpędu
badam niektóre listy
i poprawiam w nich
błędy ortograficzne.

Przyznaję — pewne słowa
sprawiają mi trudność.

# Confissões de uma máquina de leitura

Eu, Número Três Mais Quatro Dividido Por Sete,
sou famoso pelo meu vasto conhecimento linguístico.
Já consegui reconhecer milhares de idiomas
que humanos extintos utilizaram
na sua história.

Tudo que registraram com seus signos,
mesmo soterrado sob estratos de desastres,
eu extraio, restituo
à forma original.

Não é para me gabar —
leio até lava
e folheio cinzas.

Ilustro na tela
cada objeto mencionado,
quando foi produzido,
do que e para quê.

E já inteiramente por impulso próprio
examino algumas cartas
e corrijo nelas
os erros ortográficos.

Certas palavras — admito —
me trazem dificuldade.

Na przykład stanów zwanych „uczuciami"
nie potrafię jak dotąd wytłumaczyć ściśle.

Podobnie z „duszą", wyrazem dziwacznym.
Ustaliłem na razie, że to rodzaj mgły,
rzekomo od śmiertelnych organizmów trwalszy.

Jednak największy kłopot mam ze słowem „jestem".
Wygląda to na czynność pospolitą,
uprawianą powszechnie, ale nie zbiorowo,
w praczasie teraźniejszym,
w trybie niedokonanym,
choć, jak wiadomo, dawno dokonanym.

Tylko czy to wystarcza jako definicja?
Mam na łączach burczenie i śrubek zgrzytanie.
Mój guzik do Centrali kopci zamiast świecić.

Poproszę chyba o braterską pomoc
kumpla Dwie Piąte Zera Łamane Przez Pół.
To wprawdzie znany wariat,
ale ma pomysły.

Até hoje, por exemplo, não sei explicar com exatidão
os estados que chamavam de "sentimentos".

Da mesma forma, "alma", uma palavra esquisita.
Por ora, estabeleci que se trata de uma espécie de neblina
supostamente mais durável que os organismos mortais.

Mas é a palavra "sou" que me traz mais problemas.
Parece ser uma atividade comum,
praticada de modo geral, mas não coletivo,
no prototempo presente,
na forma imperfeita,
embora, como se sabe, já mais que perfeita.

Mas isso basta como definição?
Sinto o ronco das conexões e o ranger dos parafusos.
O botão que me liga à Central solta fumaça e não acende.

Talvez peça ajuda fraterna ao meu amigo
Dois Quintos de Zero Partido Ao Meio.
Ele é um doido varrido,
mas tem ideias.

# Na lotnisku

Biegną ku sobie z otwartymi ramionami,
wołają roześmiani: Nareszcie! Nareszcie!
Oboje w ciężkich zimowych ubraniach,
w grubych czapkach,
szalikach,
rękawiczkach,
butach,
ale już tylko dla nas.
Bo dla siebie — nadzy.

# No aeroporto

Correm um para o outro de braços abertos,
exclamam sorridentes: Até que enfim! Até que enfim!
Ambos com roupas pesadas de inverno
gorros grossos,
cachecóis,
luvas,
botas,
mas apenas para nós.
Porque para eles mesmos — já nus.

# Każdemu kiedyś

Każdemu kiedyś ktoś bliski umiera,
między być albo nie być
zmuszony wybrać to drugie.

Ciężko nam uznać, że to fakt banalny,
włączony w bieg wydarzeń,
zgodny z procedurą;

prędzej czy później na porządku dziennym,
wieczornym, nocnym czy bladym porannym;

i oczywisty jak hasło w indeksie,
jak paragraf w kodeksie,
jak pierwsza lepsza
data w kalendarzu.

Ale takie jest prawo i lewo natury.
Taki, na chybił trafił, jej omen i amen.
Taka jej ewidencja i omnipotencja.

I tylko czasem
drobna uprzejmość z jej strony —
naszych bliskich umarłych
wrzuca nam do snu.

# A todos um dia

A todos um dia acontece de morrer alguém próximo,
compelido, entre o ser e o não ser,
a escolher o segundo.

É difícil reconhecer que esse é um fato banal,
incluído na marcha dos eventos
e compatível com o processo;

mais cedo ou mais tarde, como parte do dia a dia,
da tarde, da noite ou da pálida madrugada;

e evidente como um item num índice,
como um parágrafo num códice,
como uma data qualquer
no calendário.

Mas assim é a ordem e a desordem natural.
Assim é, ao acaso, seu sinal e final.
Assim é sua evidência e onipotência.

E só às vezes
uma pequena gentileza de sua parte —
os entes queridos mortos
ela põe nos nossos sonhos.

# Dłoń

*Dwadzieścia siedem kości,*
*trzydzieści pięć mięśni,*
*około dwóch tysięcy komórek nerwowych*
*w każdej opuszce naszych pięciu palców.*
*To zupełnie wystarczy,*
*żeby napisać „Mein Kampf"*
*albo „Chatkę Puchatka".*

# A mão

Vinte e sete ossos,
trinta e cinco músculos,
cerca de duas mil células nervosas
em cada ponta dos nossos cinco dedos.
Isso é o bastante
para escrever *Mein Kampf*
ou *As aventuras do ursinho Pooh*.

# W uśpieniu

Przyśniło mi się, że czegoś szukałam,
gdzieś chyba schowanego albo zgubionego
pod łóżkiem, pod schodami,
pod starym adresem.

Grzebałam w szafach, pudłach i szufladach
pełnych na próżno rzeczy nie do rzeczy.

Wyciągałam z walizek
poodbywane lata i podróże.

Wytrząsałam z kieszeni
uschnięte listy i nie do mnie liście.

Przebiegałam zdyszana
przez swoje, nieswoje
niepokoje, pokoje.

Grzęzłam w tunelach śniegu
i niepamiętaniu.

Wikłałam się w kolczastych krzakach
i domysłach.

Rozgarniałam powietrze
i dziecinną trawę.

# Adormecida

Sonhei que procurava algo
escondido ou perdido talvez em algum lugar
sob a cama, sob as escadas,
num endereço antigo.

Fuçava os armários, caixas e gavetas
inutilmente cheias de coisas absurdas.

Retirava das malas
os anos e as viagens realizadas.

Sacudia dos bolsos
folhas secas e cartas não destinadas a mim.

Corria ofegante
através do meu, não meu
desassossego, sossego.

Me atolava em túneis de neve
e deslembranças.

Me emaranhava em moitas de espinhos
e conjecturas.

Afastava o ar
e a grama da infância.

*Usiłowałam zdążyć*
*zanim zapadnie zeszłowieczny zmierzch,*
*klamka i cisza.*

*W końcu przestałam wiedzieć*
*czego szukałam tak długo.*

*Zbudziłam się.*
*Spojrzałam na zegarek.*
*Sen trwał niecałe dwie i pół minuty.*

*Oto do jakich sztuczek zmuszony jest czas,*
*odkąd zaczął natrafiać*
*na uśpione głowy.*

Me esforçava por terminar a tempo,
antes que caísse o crepúsculo antiquado,
a casa e o silêncio.

Por fim, parei de saber
o que procurava havia tanto tempo.

Acordei.
Olhei o relógio.
O sonho durou menos de dois minutos e meio.

Olha a que artes é forçado o tempo,
desde que começou a topar
com uma cabeça adormecida.

# Wzajemność

Są katalogi katalogów.
Są wiersze o wierszach.
Są sztuki o aktorach grane przez aktorów.
Listy z powodu listów.
Słowa służące objaśnieniu słów.
Mózgi zajęte studiowaniem mózgu.
Są smutki zaraźliwe podobnie jak śmiech.
Papiery pochodzące ze zbiórki papierów.
Zobaczone spojrzenia.
Przypadki odmieniane przez przypadki.
Rzeki duże z poważnym udziałem niedużych.
Lasy po same brzegi porośnięte lasem.
Maszyny przeznaczone do wyrobu maszyn.
Sny, które nagle budzą nas ze snu.
Zdrowie konieczne w powrocie do zdrowia.
Schody na tyle w dół, na ile w górę.
Okulary do szukania okularów.
Wdech i wydech oddechu.
I niechby bodaj od czasu do czasu
nienawiść nienawiści.
Bo koniec końców
niewiedza niewiedzy
i ręce zatrudnione umywaniem rąk.

# Reciprocidade

Há catálogos de catálogos.
Há poemas sobre poemas.
Há peças sobre atores representadas por atores.
Cartas em razão de cartas.
Palavras que servem para esclarecer palavras.
Cérebros ocupados em estudar cérebros.
Há tristezas que contagiam como o riso.
Papéis que provêm da coleta de papéis.
Olhares vistos.
Declínios declinados.
Grandes rios com importante contribuição dos pequenos.
Bosques completamente recobertos de bosque.
Máquinas destinadas à produção de máquinas.
Sonhos que de súbito nos despertam do sonho.
Saúde necessária para recobrar a saúde.
Escadas tanto para baixo como para cima.
Óculos para encontrar os óculos.
O inspirar e o expirar da respiração.
E, mesmo que só de vez em quando,
há ódio do ódio.
Porque, em última instância,
há ignorância da ignorância
e mãos empregadas em lavar as mãos.

1ª EDIÇÃO [2020] 2 reimpressões

ESTA OBRA FOI COMPOSTA POR ACOMTE EM MERIDIEN E IMPRESSA PELA LIS GRÁFICA EM OFSETE SOBRE PAPEL PÓLEN NATURAL DA SUZANO S.A. PARA A EDITORA SCHWARCZ EM MAIO DE 2023

A marca FSC® é a garantia de que a madeira utilizada na fabricação do papel deste livro provém de florestas que foram gerenciadas de maneira ambientalmente correta, socialmente justa e economicamente viável, além de outras fontes de origem controlada.